Lorenz Marti

Eine Handvoll Sternenstaub

Das Buch

Ein Brückenschlag zwischen naturwissenschaftlicher Erkenntnis, Lebenskunst und Spiritualität: Im Universum gibt es mehr Sterne als Sandkörner auf der Erde. Umgekehrt enthält jedes Sandkorn ein ganzes Universum. Und von den kleinsten Elementarteilchen bis zu den mächtigsten Sternen ist alles mit allem verbunden. Dazwischen befindet sich der Mensch. Wir sind Sternenstaub. Die Grundstoffe unseres Körpers stammen aus dem Inneren der Sterne. Über Jahrmillionen haben die kosmischen Kräfte eine Entwicklung vorangetrieben, die zu unserer Existenz hier und heute geführt hat. Wir können nur staunen, dass es so gekommen ist. Unser Dasein erweist sich als eigentlicher Glücksfall. Als Geschenk. Und als Geheimnis, das nie ganz zu ergründen ist. »Der Blick zu den Sternen hilft, den eigenen Ort hier auf der Erde neu zu bestimmen und zu schätzen. Die Annäherung an die rätselhafte Welt der Sterne und Planeten, der Atome und Elementarteilchen relativiert das eigene Ich auf eine wohltuende Weise. Unbedeutend wird es deswegen nicht, ganz im Gegenteil: Es wird Teil einer größeren Wirklichkeit, aufgehoben in einem allumfassenden Zusammenhang. Diese Entdeckung befreit die Seele aus der Enge des Alltäglichen. Neue Horizonte eröffnen sich. Sie sind endlos weit.«

»Ein ungewöhnliches Buch. Ein faszinierendes Buch. Es kann uns ein Wegweiser sein.« (Willigis Jäger.)

Der Autor

Lorenz Marti, geb. 1952, freier Autor, Kolumnist, war bis 2012 Mitarbeiter der Redaktion Religion des DRS. Er lebt mit seiner Frau in Bern. Bei Herder Spektrum in vielen Auflagen: »Wie schnürt ein Mystiker seine Schuhe?« und: »Mystik an der Leine des Alltäglichen«. Bei Kreuz: »Übrigens, das Leben ist schön.« Weitere Informationen: www.lorenzmarti.ch

Lorenz Marti

Eine Handvoll Sternenstaub

Was das Universum
über das Glück des Daseins erzählt

HERDER

FREIBURG · BASEL · WIEN

HERDER spektrum Band 6670

MIX
Papier aus verantwor-
tungsvollen Quellen
FSC® C083411

5. Auflage 2017

© Verlag Herder Freiburg im Breisgau 2014
www.herder.de
Lizenz Kreuz-Verlag, Erstausgabe 2012

Umschlagkonzeption: Agentur RME Roland Eschlbeck
Umschlaggestaltung: Verlag Herder
Umschlagmotiv: © Getty Images

Satz: de·te·pe, Aalen
Herstellung: CPI books GmbH, Leck

Printed in Germany

ISBN 978-3-451-06670-2

Inhalt

Verborgene Schlüssel:
Die allerkleinsten Teilchen – und was sie
uns verraten

Unsichtbare Wirklichkeiten:
Die Fülle der Leere – und wie wir
die Welt erschaffen

Das große Himmelszelt:
Sonne, Mond und Sterne –
und was sie uns zeigen 129

Unter einem guten Stern:
Der blaue Planet – und warum er
so besonders ist 157

Was wirklich zählt:
Das Wunder des Lebens –
und das Glück der Liebe 187

*Die Wissenschaft braucht die Mystik nicht
und die Mystik nicht die Wissenschaft,
aber der Mensch braucht beides.*

Fritjof Capra

Willkommen!

Herzlichen Glückwunsch: Sie sind einzigartig! Einen Menschen wie Sie gibt es kein zweites Mal. Unter den rund 107 Milliarden Menschen, die bisher diesen Planeten bewohnt haben, ist kein einziger identisch mit Ihnen. Und das wird auch in Zukunft so bleiben. Die Natur kennt keine Kopien. Sie sind ein Original.

Wie außergewöhnlich Ihr Dasein ist, zeigt auch ein Blick in die wechselhafte Geschichte des Universums: Die Wahrscheinlichkeit, dass es Sie gibt, liegt praktisch bei Null. Trotzdem sind Sie da. Und die Welt wäre bestimmt ärmer ohne Sie! Ihr Dasein verdanken Sie einer unwahrscheinlichen Verkettung von unzähligen Ereignissen, die schließlich zu Ihrer Existenz hier und heute geführt haben. Es ist eine atemberaubende Geschichte, die nur einen Schluss zulässt: Glück gehabt! Sie haben das große Los gezogen (vielleicht ohne es zu bemerken?).

Willkommen in dieser Welt, wo auch das Unwahrscheinliche Wirklichkeit werden kann: ein Mensch wie Sie!

Aus dem Nichts sind Sie gekommen. Eingetreten in die Jahrmilliarden alte Geschichte dieses Universums, um für ein paar Jahrzehnte mitzuspielen, bevor Sie wieder im Nichts verschwinden. Wobei der Begriff »Nichts« nur die Umschreibung ist für eine Wirklichkeit, die wir nicht kennen. Eine Wirklichkeit, die so ganz anders ist als alles, was wir begreifen und benennen können.

In Ihnen verkörpert sich die ganze kosmische Evolution. Sie sind wortwörtlich Sternenstaub: Die kleinsten Bausteine Ihres Körpers, die Atome und Moleküle, wurden einst von Sternen ins All geschleudert. Diese Bausteine bestehen im Innersten weitgehend aus leerem Raum. Physikalisch könnte man Sie auch als Leere mit etwas Verpackung beschreiben. Das klingt merkwürdig, weil Ihre fünf Sinne Ihnen den Eindruck von etwas durchaus Beständigem vermitteln. Aber der Mikrokosmos hat einige Merkwürdigkeiten zu bieten, die mit unserer Alltagserfahrung nicht übereinstimmen. Dass Sie aller Physik zum Trotz nicht bloß Leere, sondern ein Mensch aus Fleisch und Blut sind, ist doch wunderbar!

Wunderbares zeigt auch der Blick in die unermesslichen Weiten des Alls. Da wird die Welt offen und weit. Im Spiegel der Sterne und Galaxien erscheint vieles, was uns im Alltag beschäftigt, in einem neuen Licht. Gewichtungen werden verschoben, neue Perspektiven eröffnen sich. Das Ich mit seinen vielfältigen Verstrickungen wird auf eine wohltuende Weise relativiert. Etwas Größeres zeichnet sich ab.

Es sind vor allem zwei miteinander verwandte Wissenschaften, die uns heute einen faszinierenden Blick hinter den Vorhang des Alltäglichen erlauben: Quantenphysik und Kosmologie. Was die Forscher hier entdecken, ist zu wichtig, als dass wir es allein den Fachleuten überlassen dürften. Es geht um die Koordinaten unserer Existenz. Um Sie und um mich. Um unser Leben. Und um die Frage, was das alles soll.

Dieses Buch ist ein Versuch, das Leben zu vermessen bis an die Grenzen des Unermesslichen. Die Linien werden ausgezogen in die Dimensionen des unendlich Kleinen und des unendlich Großen. Eine beinahe berauschende Erfahrung. Zwischen dem funkelnden Sternenzauber und dem wirbelnden Tanz der Elementarteilchen erscheint die Welt immer wieder überraschend neu und anders. Raum und Zeit werden relativ. Die Materie verschwindet. An die Stelle fester Strukturen und Gesetze treten Möglichkeiten und Wahrscheinlichkeiten. Schwingungen und Beziehungen formen die Wirklichkeit. Die Welt gleicht weniger einer Maschine als vielmehr einem großen Tanz. Und wir tanzen mit.

Wir sind Teil einer großen, vierzehn Milliarden Jahre alten Geschichte. Wer sie zu lesen versucht, ahnt etwas von den Tiefendimensionen der Welt und vom Geheimnis unserer Existenz. Etliche Fragen bleiben dabei offen. Aber sie verlieren ihre Dringlichkeit, weil wir spüren, dass wir uns dieser Geschichte auch anvertrauen dürfen, ohne sie ganz zu verstehen.

Wer meint, auf ihn oder sie komme es dabei nicht an, täuscht sich: In jedem Menschen drückt sich das Universum auf eine einmalige, unverwechselbare Weise aus. Über Jahrmillionen haben die kosmischen Kräfte eine Entwicklung vorangetrieben, die zu uns, zu Ihnen und zu mir geführt hat. Warum sie das getan haben, wissen wir nicht. Wir können nur staunen, dass es so gekommen ist. Das Staunen steht am Anfang der Philosophie – und fast aller schönen Dinge im Leben. Es öffnet Fenster zum Glück.

Die 52 Kapitel dieses Buches sind auch eine Anleitung zum Staunen. Um Ihnen beim Lesen die Orientierung zu erleichtern, stehen am Schluss jedes Kapitels drei Sätze, welche das Wesentliche auf den Punkt bringen.

Ach ja, auch mit dem Punkt ist es übrigens so eine Sache …

Die erste Sekunde:
Wie alles angefangen hat – und die Frage nach dem Warum

Der Mensch trägt in sich eine Spur,
die ihn nicht vergessen lässt,
dass er woandersher kommt.

Blaise Pascal

1
Ein wirklich kleines Wunder

Ich möchte Sie auf ein kleines Wunder aufmerksam machen. Sie finden es am Ende dieses Satzes.

Haben Sie es bemerkt?

Wahrscheinlich nicht. Ich jedenfalls hätte es mit Sicherheit nicht entdeckt. Es ist so entsetzlich banal, dass wohl alle es schlicht übersehen. Ich meine den Punkt am Ende des Satzes.

Ein Wunder? Auch wenn Sie den Punkt jetzt ganz genau betrachten, werden Sie wahrscheinlich nichts Wunderbares daran bemerken. Ein unbedeutender Punkt eben.

Aber jetzt stellen Sie sich einmal vor: In diesem einen Punkt sind Milliarden von Atomen versammelt! Sie bilden zusammen den kleinen schwarzen Fleck, der auf dem Papier klebt und signalisiert: So ist es. Von seinem äußerst bewegten Innenleben verrät er nichts. Sie müssen auch nicht befürchten, dass er plötzlich weghüpft: Der Punkt bleibt, wo er ist. Er scheint etwas sehr Beständiges zu sein. Doch je näher die Wissenschaftler ihn betrachten, umso unruhiger wird er. Im Innersten zeigt er sich als Gewebe von quirligen Elementarteilchen.

Wo ein Punkt gesetzt wird, scheint die Sache klar. Wo der Punkt selber aber zerlegt wird, ist vieles nicht mehr klar. Er besitzt kaum materielle Substanz. Jedes seiner Atome besteht aus einem winzigen Kern, um den sich in einer Art Wolke die noch einmal viel, viel kleineren Elektronen bewegen. Zwischen dem Kern und den Elektronen erstreckt sich ein riesiger leerer Raum. Vergrößern wir das Atom in der Vorstellung auf die Maße des Petersdoms in Rom, dann wäre sein Kern irgendwo in der Mitte, so groß wie ein Salzkörnchen, während die Elektronen als mikroskopisch kleine Staubteilchen an der Decke entlangwirbeln.

Doch das Salzkörnchen im Petersdom ist nicht zu unterschätzen: Es wäre tausende Male schwerer als die Basilika, die es umgibt. Denn im Atomkern konzentriert sich fast die gesamte Masse. Er kann noch weiter zerlegt werden: Seine Bestandteile heißen Protonen und Neutronen. Und diese bestehen aus sogenannten Quarks, verschwindend kleinen Energiepaketen.

Quarks und Elektronen werden Elementarteilchen genannt, weil sie – nach heutigem Stand des Wissens – nicht weiter geteilt werden können. Sie sind keine festen Objekte. Elementarteilchen sind flüchtige Erscheinungen in einem Gewebe, das durch die zwischen ihnen wirkenden Kräfte zusammengehalten wird. Sie bewegen sich hart an der Grenze zum Nichtsein. Die feste Materie ist verschwunden.

Ist uns jetzt der Punkt entwischt?

Nein, er steht noch da, gut sichtbar auf dem Papier. Aber wenn wir den Physikern folgen, dann ist er nicht so beständig, wie wir ihn wahrnehmen. Vielmehr erweist er sich als höchst instabiles Gebilde, dessen Innerstes nicht mehr zu fassen ist. Was aber bleibt denn am Schluss übrig? Die Wissenschaftler reden von Energiefeldern. Von Beziehungsmustern. Von Möglichkeiten, die sich zu einer Wirklichkeit verdichten können. Von einem kreativen Prinzip, das sich materialisieren kann. Was auch immer es ist – es bleibt ungreifbar und deshalb auch ziemlich rätselhaft.

Ein ganz gewöhnlicher kleiner Punkt – und schon berühren wir die großen Grundfragen dieser Welt. Ein

Punkt ist eben mehr als ein Punkt. Er ist ein kleines Universum. Und er weiß einiges zu erzählen. Aber er gibt sein Geheimnis nicht sogleich preis. Man muss ihn befragen, lange und geduldig und immer wieder.

Ansonsten leistet er als Satzzeichen ganz gute Dienste. In einem geschriebenen Text schließt er einen Satz ab. Er markiert ein Ende. Aber das ist nur auf dem Papier so. Ein Punkt muss nicht immer das Ende bedeuten. Manchmal ist es gerade umgekehrt.

Mit einem Punkt hat einmal alles angefangen.

Auf den Punkt gebracht:

- *Ein einziger Punkt enthält ein ganzes Universum von Atomen.*
- *Atome bestehen aus Elementarteilchen und Leere.*
- *Elementarteilchen sind unfassbar, die Materie verschwindet.*

2
Das größte Ereignis aller Zeiten

Alles beginnt mit einem verschwindend kleinen Punkt, viel kleiner noch als ein Atom. Einem Punkt aus Licht. Aus dem Nichts taucht er auf und zaubert blitzschnell ein ganzes Universum hervor. Der Urknall. In Sekundenbruchteilen bläht sich das Universum zu astronomischen Dimensionen auf. Ein Anfang, der an Dramatik nicht zu überbieten ist. Er liegt rund 14 Milliarden Jahre zurück.

Dieses punktförmige Etwas soll nach der Urknalltheorie nicht nur unendlich klein gewesen sein, sondern auch vollgepackt mit unendlich viel Energie und deshalb unendlich heiß.

Woher man das weiß? Beweise gibt es keine. Aber einen starken Hinweis: Die ununterbrochene Ausdehnung des Alls. Weil es immer schneller expandiert, muss es früher kleiner gewesen sein. Könnte die Zeit wie ein Film zurückgespult werden, dann würde sich alle Materie zusammenziehen, Temperatur und Dichte des Universums würden auf extreme Werte steigen, bis schließlich alle Materie und Energie wieder in diesem einen Punkt vereinigt wären.

Eine Vorgeschichte kennt dieser Punkt nicht. Er ist einfach da. Die Physik hat dafür keine Erklärung, weil nach all ihren Modellen nichts aus dem Nichts entstehen kann. Unerklärlich bleibt auch, wie dieser Winzling die Zutaten für ein ganzes Universum enthalten kann: Raum und Zeit, sowie die Energie von über hundert Milliarden Galaxien mit Milliarden von Sonnensystemen.

Die Urknalltheorie geht wesentlich auf den belgischen Priester und Physiker Abbé Georges Lemaître (1894–1966) zurück. Er sprach von »einem kosmischen Ei, das im Moment der Entstehung des Universums explodierte«. Seine Kritiker verliehen dieser Theorie dann den Spottnamen *Big Bang* (großer Knall). Doch Lemaître, ein ausgesprochener Einzelgänger in der Gemeinde der Wissenschaftler, hatte recht.

Der Urknall ist für die klassische Physik ein Ärgernis, weil hier unendliche Größen im Spiel sind, die sie nicht mehr erfassen kann. Hier versagen alle bekannten physikalischen Gesetze. Der Anfang aller Dinge liegt jenseits von Raum und Zeit und bleibt für die Wissenschaft unzugänglich. Doch der Urknall hat eine sichtbare Spur hinterlassen in Form der kosmischen Hintergrundstrahlung, einer Art Nachglühen. Sie kann überall im Universum gemessen werden und ist das älteste Licht, das durch das All zieht (mit bloßem Auge aber nicht zu sehen ist).

So laut, wie das Wort Urknall vermuten lässt, war die ganze Geschichte übrigens nicht, im Gegenteil: Noch fehlte die Luft, welche den Schall verbreitet – und das Ohr, welches die Schallwelle aufnimmt. So wurde das Universum in absoluter Stille geboren. »Die größten Ereignisse der Welt«, so Friedrich Nietzsche (1844–1900), »sind nicht die lautesten, sondern die stillsten.«

Auch das Bild einer Explosion trifft nicht ganz zu. Eine Explosion hat ein Zentrum. Der Urknall aber hat keines, weil er sich nicht in einem Raum ereignet, sondern den Raum erst erschafft. Er geschieht nicht an einem bestimmten Ort, er findet überall gleichzeitig statt.

Die Wissenschaft kann sich dem Urknall bis auf eine Billionstelsekunde annähern. Aber der erste klitzekleine Sekundenbruchteil fehlt. Der entscheidende Augenblick, als das Nichts ins Sein überging, entzieht sich dem Zugriff der Forschung. Hier versagen sämtliche Theorien und Modelle. Nur soviel lässt sich sagen: Der Punkt Null ist ein einzigartiger, unvergleichlicher Moment, der keine Zeit und keinen Ort kennt.

Der Physiker und Nobelpreisträger Wolfgang Pauli (1900–1958), so wird scherzhaft erzählt, ist nach seinem Tod direkt in den Himmel gekommen. Dort trifft er Gott und fragt ihn, wie das Universum entstanden sei. Gott tritt an eine Tafel, überlegt etwas und beginnt, eine Formel aufzuschreiben. Pauli schüttelt den Kopf, springt auf, packt einen Schwamm und löscht die Formel aus: »Nein, so geht es nicht! Das hab ich schon probiert.«

Und Gott soll sich gewundert haben.

Auf den Punkt gebracht:

- *Alles beginnt mit einem unendlich kleinen Punkt.*
- *Ohne Knall entsteht aus dem Nichts das All.*
- *Über dem Anfang liegt der Schleier des Mysteriums.*

3
Zurück vor den Anfang

Die Urknall-Theorie ist noch keine hundert Jahre alt. Aber sie hat Vorläufer. Vor zweieinhalbtausend Jahren schon vermutete der griechische Philosoph Anaximander, dass die Welt durch eine Flamme aus einem ursprünglichen Keim hervorgerufen worden sei. Und nach dem mittelalterlichen Theologen Robert Grosseteste (1168–1253) entstand das Universum aus einem winzigen Lichtpunkt Gottes, der sich mit rasender Geschwindigkeit in alle Richtungen ausgebreitet habe.

Eine bemerkenswerte Vorwegnahme moderner Kosmologie findet sich auch beim Kirchenlehrer Augustinus (354–430). Er stellt fest, dass die Welt »ohne Zweifel nicht in der Zeit, sondern mit der Zeit erschaffen worden ist«.

Die entscheidende Frage aber bleibt bis heute offen: Was war vor dem Urknall? Es ist die paradoxe Frage nach einer Zeit vor der Zeit. Gewiss eine unmögliche Frage, auf die es aber trotzdem ein paar mögliche Antworten gibt.

Eine erste lautet: Es gibt kein Vorher. Eine Zeit vor der Zeit ist prinzipiell nicht möglich. So wie auch nichts nördlich des Nordpols liegen kann. Die Frage nach dem Vorher ist deshalb sinnlos. Das jedenfalls meinen heute viele Kosmologen. Und wir stehen da mit unserer sinnlosen Frage und sind etwas ratlos.

Eine zweite Antwort ergibt sich aus der ersten: Vor dem Urknall war nichts. Das reine Nichts. Kein Sein und keine Materie, keine Zeit und kein Raum. Einfach rein gar nichts. Diese Theorie überfordert aber unseren Verstand. Das Nichts können wir uns weder denken noch vorstellen. Jedes Bild, eine große Leere etwa, macht aus dem Nichts bereits wieder ein Etwas und muss deshalb verneint werden. Das Nichts entzieht sich der Anschauung komplett. Und die große Frage bleibt, wie aus diesem Nichts überhaupt etwas entstehen konnte. Wo war dieses Etwas vor seiner Entstehung?

Besser fassbar ist eine dritte mögliche Antwort: Unser Universum ist nicht das erste und nicht das einzige. Es hat Vorgänger und möglicherweise auch Geschwister. So postulieren einige Theorien, dass es aus dem Kollaps eines früheren Universums hervorgegangen ist. Oder dass es wie eine Seifenblase aus einem ganzen Schaumbad von Universen aufgestiegen ist. Diese Möglichkeiten lassen sich heute mathematisch berechnen – aber nicht experimentell überprüfen. Das Universum hat keinen Rand, über den wir hinausschauen könnten.

Die Idee eines aus Myriaden von Universen zusammengesetzten Multiversums, anfangs von vielen Physikern als abenteuerliche Spekulation abgetan, wird mittlerweile unter Wissenschaftlern ernsthaft diskutiert. Doch selbst wenn es andere Universen geben sollte, ist die Frage nach dem Anfang aller Anfänge nicht beantwortet, sondern bloß nach hinten verschoben.

Eine vierte Antwort kann allerdings dieses Dilemma umgehen: Es gibt gar keinen Anfang, weil alles immer schon da war. In einem ewigen Zyklus von Werden und Vergehen entsteht ein Universum nach dem anderen. Der Urknall ist kein Anfang, sondern ein Übergang. Das Universum atmet ein und entfaltet sich, dann atmet es wieder aus und fällt zusammen. Und das bis in alle Ewigkeit. Dieses Modell finden wir vor allem in den Kosmologien des alten Indien. Es ist wissenschaftlich nicht überprüfbar.

Alle vier Antworten sind entweder unbefriedigend oder hoch spekulativ. Vorläufig – und möglicherweise für immer – entzieht sich der allererste Moment dem Zugriff des Menschen. Zwar arbeiten die Kosmologen fieberhaft daran, ihn zu entschlüsseln. Sie entwerfen schwindelerregende Theoriegebäude, jonglieren mit Zahlen, Berechnungen und Formeln – und stochern doch im Ungewissen. Der Streit um den Anfang bleibt letztlich eine Glaubensfrage und wird auch mit entsprechendem Eifer ausgefochten.

Die Dimensionen, um die es dabei geht, sind überwältigend. Da taucht – scheinbar oder tatsächlich – aus dem Nichts ohne ersichtlichen Grund ein Punkt auf und eröffnet augenblicklich ein gigantisches Universum mit Milliarden von Galaxien und Abermilliarden von Sternen. Ein unglaublich großes Ereignis, das auch das Wunder des Kleinen ermöglicht: Auf einem vergleichsweise winzigen Planeten, der blau schimmernd still durch die kosmischen Räume zieht, gibt es Meere und Berge, Blumen und Bäume, Tiere und Menschen, Lieder, Lachen und Liebe.

~

Auf den Punkt gebracht:

- *Vielleicht gab es vor dem Urknall nur das Nichts.*
- *Vielleicht gab und gibt es auch noch andere Universen.*
- *Vielleicht war auch alles immer schon da, ohne Anfang.*

~

4
Die Frage nach Ursprung und Sinn

Es mutet wie eine Ironie der kosmischen Geschichte an, dass die Astrophysik heute den langen Weg bis zum Anfang aller Dinge zurückverfolgen kann, aber bei der ersten Billionstelsekunde passen muss. Im entscheidenden Augenblick versagen sämtliche wissenschaftlichen Theorien. Wir wissen nicht, wie das Nichts ins Sein überging.

Aber auch wenn wir den Anfang kennen würden, wäre unsere wichtigste Frage noch nicht beantwortet: die Frage nach dem Warum. Warum gibt es überhaupt etwas – und nicht einfach nichts? Warum gibt es das Universum mit seinen Galaxien, Sternen und Planeten? Warum gibt es Sie und mich?

Naturgesetze und wissenschaftliche Modelle können diese Frage nicht beantworten. Sie können mehr oder weniger genau beschreiben, was war, was ist und was vielleicht sein wird. Warum die Dinge so sind, wie sie sind, bleibt offen. Das Warum führt hinter die beobachtbare Welt der Erscheinungen und fragt nach dem Urgrund der Welt. Es geht nicht mehr um den Anfang, sondern um den Ursprung aller Dinge.

Wo liegt der Unterschied? Der Anfang ist auf einer linearen zeitlichen Achse angesiedelt, der Ursprung aber liegt jenseits der Zeit, im ewigen Jetzt. Der Anfang hat einmal stattgefunden und ist dann Vergangenheit. Der Ursprung aber ist immer gegenwärtig, als ewiger Seinsgrund. Er ist die tiefste Quelle, aus der in jedem Moment alles hervorgeht.

Die Frage nach dem Ursprung gehört nicht mehr in den Bereich der Naturwissenschaften. Denn wir haben buchstäblich nichts in der Hand, können nichts berechnen oder beweisen. Was uns auf den Ursprung hinweist, ist das Staunen. Im Staunen erwachen der »Sinn und Geschmack für das Unendliche«. Diese Formulierung stammt von Friedrich Schleiermacher (1768–1834). Für ihn geht es darum, »mitten in der Endlichkeit eins zu werden mit dem Unendlichen und ewig zu sein in einem Augenblick«. Das ist die Ursprungserfahrung.

Der Ursprung lässt sich nicht mit Begriffen fixieren. Die Annäherung geschieht über Bilder und Geschichten. Die alten Schöpfungsmythen erzählen von der göttlichen Schöpferkraft, vom kosmischen Urei oder vom heiligen Urklang. So verschieden sie auch ausgestaltet sind, ihre Botschaft ist letzlich dieselbe: Im Ursprung ist der Sinn.

Fünf Worte nur, aber sie enthalten eine große Verheißung: Hinter den vielfältigen Erscheinungen dieser Welt verbirgt sich ein allumfassender Sinn. Er verwebt die einzelnen Dinge zu einem Ganzen. Damit bekommt alles, was ist, seine Bedeutung.

Nichts und niemand ist verloren; vielmehr sind alle Wesen, Dinge und Ereignisse eingebunden in einen großen Zusammenhang. Das deutet auch der Begriff an, den die Naturphilosophen des alten Griechenland für das Weltall eingeführt haben: *Kosmos* heißt übersetzt *Ordnung* und *Schmuck*. Als Gegenbegriff zum *Chaos* meint Kosmos, dass die Welt geordnet und deshalb schön ist. Das Ordnungsprinzip heißt *Logos,* was *Wort,* im philosophischen Sprachgebrauch aber auch *Sinn* bedeutet. Mit diesem griechischen Begriff beginnt das Johannesevangelium: »Im Anfang (Ursprung) war der Logos.«

Dem Logos können wir uns immer wieder annähern,

besitzen werden wir ihn nie. Er bleibt unverfügbar und kann nur angedeutet werden, in der verschlüsselten Sprache der Mythen und Symbole. Gelegentlich berührt er uns auch leise: In Momenten, die so dicht und intensiv sind, dass sich die Frage nach dem Sinn gar nicht mehr stellt, weil er bereits spürbar da ist.

Die Frage nach dem Warum ist damit noch nicht beantwortet. Aber wenn der Sinn der Ursprung alles Seienden ist, dann muss es auch einen Grund für unser Dasein geben. Die Antwort könnte deshalb etwa so lauten: Wir wissen nicht, warum wir da sind, aber wir dürfen darauf vertrauen, dass es gut ist, dass wir da sind. Unsere Existenz ist mehr als bloß ein Zufall. Jeder und jede ist ein unverzichtbarer Teil in einem großen Mosaik.

Natürlich gibt es keinen Beweis, dass ein ursprünglicher Sinn die Welt trägt. Aus der Geschichte des Universums lässt er sich kaum ablesen. Aber man kann die Sache auch ganz pragmatisch sehen: Es ist schlicht hilfreich, einmal davon auszugehen, dass es so sein könnte. Das Vertrauen in eine verborgene Sinnhaftigkeit genügt. Es vermag durch das Auf und Ab der Zeiten zu tragen.

Ein solches Vertrauen ist nicht selbstverständlich. Einigen Menschen wird es sozusagen in die Wiege gelegt, andere müssen ein Leben lang darum ringen. Letztlich ist es auch eine Frage der Wahl. Es geht um eine Entscheidung: Gebe ich dieser oft so undurchschaubaren Welt einen Vertrauensvorschuss – oder fürchte ich sie und schütze mich vor ihr?

Der Philosoph Sören Kierkegaard (1813–1855) spricht von einem eigentlichen *Sprung*, der gewagt werden muss. Einem Sprung aus der Angst ins Vertrauen. Er nennt diesen Sprung »ein Wagestück des Herzens«.

Auf den Punkt gebracht:

- *Die Frage nach dem Warum verweist auf den Ursprung.*
- *Der Ursprung bildet den ewigen Seinsgrund.*
- *Im Ursprung ist der Sinn.*

Eine unglaubliche Geschichte:
Die Evolution des Kosmos –
und wie sie uns begünstigt

Das Gräslein ist ein Buch,
suchst du es aufzuschließen,
du kannst die Schöpfung draus
und alle Weisheit wissen.

Daniel Czepko von Reigersfeld

5
Das kosmische Gedächtnis

Die Geschichte des Universums liegt wie ein geöffnetes Buch vor uns. Sie entfaltet sich als lange Erzählung, die vom Punkt Null bis in die Gegenwart führt, vom Urknall bis zu Ihnen und zu mir. In ihr sind unzählig viele kleine Geschichten enthalten. Und wir alle schreiben mit an diesem *opus magnum*, in jedem Augenblick, mit jedem Gedanken, jedem Gefühl und jeder Tat.

Ab und zu blättern wir zurück, weil wir die Geschichte, an der wir beteiligt sind, auch verstehen möchten. Vieles erschließt sich erst im Rückblick, wie Sören Kierkegaard feststellt: »Leben können wir nur vorwärts, das Leben verstehen nur rückwärts.«

Allerdings fehlen bei dieser Geschichte die ersten paar Worte des Eingangskapitels. Sie wären für das Verständnis des Ganzen entscheidend. Oder gehört es zu dieser Geschichte, dass sie nichts über den Anfang mitteilt? Ist es womöglich eine Geschichte ohne Anfang? Und ist die Annahme, dass jede Geschichte einen Anfang haben muss, ein Trugschluss?

Fragen über Fragen. Tatsache ist: Die Geschichte beginnt für uns erst, nachdem sie schon angefangen hat. Aber das ist erstaunlich genug: Obwohl die ersten Kapitel viele Milliarden Jahre zurückliegen, können wir sie heute aufschlagen und betrachten, als ob sie Gegenwart wären. Ein Blick zum nächtlichen Himmel genügt. Die funkelnden Lichter der Sterne erzählen von längst vergangenen Zeiten.

Wer ins All blickt, schaut in die Vergangenheit. Das

Licht eines Sterns braucht Zeit, bis es uns erreicht. Jenes der Sonne zum Beispiel acht Minuten. Wir sehen die Sonne so, wie sie vor acht Minuten war. Das Licht des benachbarten Sterns Proxima Centauri zieht bereits vier Jahre durchs All, bevor es hier eintrifft. Die meisten Sterne, die wir von bloßem Auge am nächtlichen Himmel erkennen, sind Hunderte von Lichtjahren* entfernt. Als sie ihr Licht losschickten, waren wir noch nicht einmal geboren. Einige von ihnen gibt es unterdessen nicht mehr, obwohl wir sie noch sehen. Mit starken Teleskopen geht der Blick Millionen und Milliarden Jahre zurück. Da kann selbst Sternenlicht beobachtet werden, das abgeschickt wurde, als die Erde noch gar nicht existierte.

Ist das nicht paradox: In der Finsternis der Nacht sehen wir kaum, was vor unsern Füßen liegt – aber wir erblicken Sterne, die Hunderte von Lichtjahren entfernt sind! Während die Dunkelheit das Nächste verschluckt, lässt sie das Fernste aufleuchten.

Was wir sehen, ist allerdings nie Gegenwart, sondern immer Vergangenheit. Wir sehen nicht, was sich jetzt im All abspielt, sondern was vor Stunden und Wochen, Jahren und Jahrhunderten passiert ist. Der Lichtstrahl eines Sterns überbrückt gewaltige zeitliche und räumliche Distanzen. Er kommt als Bote aus vergangenen Zeiten von weit her, direkt zu Ihnen und zu mir. Er berührt uns sanft und erinnert an die uralte Geschichte, in die wir eingebunden sind.

---

* Als Lichtjahr wird in der Astronomie die Strecke bezeichnet, welche das Licht innerhalb eines Jahres zurücklegt. Das entspricht fast 10 Billionen Kilometern. Mehr dazu vgl. S. 40.

Blick in die Vergangenheit: Eine Galaxie, die Jahrmillionen Lichtjahre von uns entfernt ist. Ihr Licht, das wir heute mit Hilfe des Hubble-Weltraumteleskops sehen können, stammt aus einer Zeit, als es auf der Erde noch keine Menschen gab.

(Bild: Astrofoto/Numazawa)

Auch unsere persönliche Geschichte ist in den weiten Räumen des Alls gegenwärtig. Jedes Ereignis auf der Erde wird mit Lichtgeschwindigkeit in alle Richtungen des Universums verbreitet. Theoretisch ist es denkbar, dass in diesem Moment ein Lebewesen von einem weit entfernten Planeten aus mit einem Teleskop auf die Erde schaut und zum Beispiel sieht, wie Sie gerade laufen lernen. Oder wie Ihre Urururgroßeltern auf dem Feld schuften. Oder wie der Ötzi durch die Eiswüste stapft. Was auf der Erde längst Vergangenheit ist, erscheint auf diesem fernen Planeten als Gegenwart. Und wenn Sie einmal gestorben sind, werden Sie im All noch endlos lange zu sehen sein, Jahrhunderte und Jahrmillionen.

Das Universum verfügt über ein gutes Gedächtnis. Es vergisst nichts. Jedes Ereignis der vergangenen vierzehn Milliarden Jahre ist in den weiten Räumen des Alls gespeichert. Was vergeht, verschwindet nicht. Alles, was wir erlebt haben, ist im kosmischen Gedächtnis aufgehoben. Nichts geht verloren. Nichts fällt ins totale Vergessen. Das gibt dem menschlichen Leben eine Bedeutung, die weit über das irdische Dasein hinausreicht.

Was wir mit unseren paar Jahrzehnten im Buch der kosmischen Geschichte niederschreiben, wird unsere zeitliche Existenz überdauern. Es ist aufgehoben im Universum – bis ans Ende aller Zeiten.

Auf den Punkt gebracht:

- *Beim Blick ins All wird Vergangenheit zur Gegenwart.*
- *Alles ist im kosmischen Gedächtnis gespeichert.*
- *Nichts geht verloren, nichts fällt ins totale Vergessen.*

6
Die Biografie des Universums

Wer die Biografie des Universums zu lesen versucht, wagt sich an ein unmögliches Unterfangen. Dieses Buch ist einfach viel zu umfangreich, seine Seiten nehmen kein Ende. Die Kapitel sind kompliziert ineinander verschachtelt und überlagern sich. Die Zahl der Mitwirkenden ist unüberschaubar groß und Fußnoten gibt es wie Sand am Meer. Ein solches Werk kann niemand wirklich lesen, geschweige denn verstehen.

Ein Buch hat aber einen Klappentext, der auf ein paar Zeilen das Wesentliche zusammenfasst – und auf den Inhalt des Buches neugierig machen soll. Manchmal genügt es, den Klappentext zu lesen, um in einer Gesprächsrunde einigermaßen mithalten zu können.

Und der könnte etwa so lauten:

Im Anfang war das Nichts. Aus ihm taucht ein Licht auf. Ein unendlich kleiner Punkt voller Energie. Blitzartig spannt er Raum und Zeit auf, setzt Energie und Materie frei. Das Universum wird geboren. Lange bleibt es in einen undurchsichtigen, heißen Nebel getaucht. In dieser Ursuppe, die sich allmählich abkühlt, schwimmen die ersten Teilchen. Nach 400 000 Jahren verbinden sie sich zu Atomen. Die Strahlung löst sich von der Materie, das Licht kann sich ungehindert im All ausbreiten, das Universum wird durchsichtig.

Nach einigen hundert Millionen Jahren entstehen aus Gas- und Staubwolken Sterne und Galaxien. Die erste Sternengeneration wird nach Jahrmilliarden durch eine zweite und dritte abgelöst. Nach 9 Milliarden Jahren wird unsere Sonne geboren, gefolgt von der Erde und den anderen Planeten.

Nach 10 Milliarden Jahren bilden sich auf der Erde die ersten, mikroskopisch kleinen Formen von Leben. Nach fast 14 Milliarden Jahren erscheint der Mensch. Und der fragt sich: Wie ist das alles gekommen?

In einer Minute lassen sich natürlich nicht vierzehn Milliarden Jahre darstellen. Diese Beschreibung des Universums wird dem *opus magnum* in keiner Weise gerecht. Aber sie lässt ahnen, um welch gewaltige Dimensionen es bei dieser Geschichte geht – und wie umfangreich sie ist. Für jeden Leser und jede Leserin schlicht eine Überforderung. Selbst ein Buchkritiker hätte seine liebe Mühe damit. Er würde nach einer flüchtigen Durchsicht des Werkes zum Beispiel dies schreiben:

Ein Buch voller Spannung und Dramatik. Für Überraschung ist auf jeder Seite gesorgt. Allerdings fehlt der klare Aufbau, es hat zu viele Schauplätze und zu viele Handlungen, oft wirkt das ganze Werk chaotisch und widersprüchlich. Mehr noch: An entscheidenden Stellen erscheint die ganze Geschichte ziemlich unglaubwürdig.

Unglaubwürdig? Die Geschichte unseres Universums, unsere Geschichte also, soll nicht glaubwürdig sein? Da sind wir als Mitwirkende, wenn auch spät Berufene, doch fast etwas beleidigt. Aber unglaublich klingt sie halt schon, und der Kritiker hat auch seine Argumente:

Es bleibt schlicht unbegreiflich, wie aus einem heißen Brei von Materie und Strahlung ein hoch strukturiertes Universum entstehen kann. Da reiht sich ein Zufall an den anderen. Wie kommt es, dass die Anfangsbedingungen in den ersten Millionstelsekunden exakt so sind, wie sie sein müssen, damit die Geschichte aufgeht? Nur eine minimale Abweichung hätte bereits das Aus bedeutet.

Wäre das All um Sekundenbruchteile schneller oder langsamer expandiert, hätten sich keine Atome und Galaxien gebildet.

Wäre die Schwerkraft nur geringfügig stärker oder schwächer, dann wäre das Universum entweder zusammengebrochen oder auseinandergeflogen.

Wären im Vernichtungskampf zwischen Teilchen und Antiteilchen nicht ein paar Teilchen übrig geblieben, hätte sich nie Materie gebildet.

Wäre die Sonne nicht ein eher kleiner Stern von durchschnittlicher Größe und Temperatur, würde kein lebensfreundlicher Planet um sie kreisen.

Hätte die Erde nicht genau den richtigen Abstand zur Sonne und den Mantel einer schützenden Atmosphäre, gäbe es auf ihr kein Leben.

Und so weiter. Dass in dieser Geschichte alles gerade richtig herauskommt, erscheint doch ziemlich unwahrscheinlich.

Zugegeben, so unrecht hat der Kritiker ja nicht. Und dass er dieser Geschichte skeptisch gegenübersteht, dürfen wir ihm verzeihen. Schließlich ist die exakte *kosmische Feinabstimmung* der Naturkonstanten zugunsten eines bewohnbaren Universums tatsächlich sehr unwahrscheinlich. Um Haaresbreite hätte alles auch ganz anders kommen können: Die Kräfte und Gesetze der Natur müssten nur geringfügig schwanken, und es gäbe bloß das Nichts oder ein anderes Etwas, aber nicht unser Universum. Natürlich gäbe es dann auch keine Menschen, die über solch komplexe Fragen nachdenken können.

Die mathematische Wahrscheinlichkeit, dass aus dem Chaos einer Explosion das fein abgestimmte Gleichgewicht unseres Sonnensystems hervorgeht, welches schließlich auch Leben ermöglicht, liegt praktisch bei Null. Der Kritiker illustriert das mit einem einfachen Vergleich:

> Eine Bombe fällt in einen Kornspeicher und explodiert. Das ganze Getreide wird in die Luft gewirbelt. Doch merkwürdigerweise wird es nicht überall hin verstreut, sondern ordentlich in Säcke und Ballen abgefüllt und auf Lastwagen befördert. Unwahrscheinlich? Ja, gewiss. So unwahrscheinlich wie diese Geschichte, die schließlich zum Planeten Erde, zum Leben und zum Menschen geführt hat. Wie gesagt: Etwas unglaubwürdig.

Tatsächlich: Sehr glaubwürdig wirkt diese Geschichte nicht. Da liegt es nahe, sie einer außernatürlichen Kraft, einem himmlischen Regisseur zuzuschreiben: Gott könnte die Lücken der Erkenntnis ausfüllen. Doch Gott (wen oder was man auch immer darunter verstehen mag) auf die Rolle eines Lückenbüßers zu reduzieren, wäre etwa so, als würde man versuchen, den Ozean in einen Fingerhut abzufüllen. Ganz abgesehen davon, dass der Lückenbüßer mit jedem Fortschritt der Wissenschaft an Bedeutung verliert.

Wir brauchen keinen Lückenbüßer. Wir brauchen den Mut, mit der Lücke zu leben. Sie erlaubt einen Blick in die Tiefen des Daseins. Sie ist der eigentliche Ort der Erkenntnis, auch wenn das Erkannte nicht aus Erklärungen, sondern aus Fragen besteht. Fragen können oft näher an die Wahrheit führen als Antworten.

»Das, was sich uns entzieht, zieht uns mit«, meint der Philosoph Martin Heidegger (1889–1976). Wer sich dieser Bewegung überlässt, beginnt zu staunen. Am Rande des Wissbaren eröffnen sich neue Dimensionen, für die es keine Worte mehr gibt. Die Begegnung mit dem Unbegreifbaren führt zur Ergriffenheit.

Vom Unbegreiflichen ergriffen, ahnen wir, dass wir gemeint sind in dieser Geschichte – und aufgehoben in diesem rätselhaften Universum.

~

Auf den Punkt gebracht:

- *Dass es uns und unsere Welt gibt, ist unwahrscheinlich.*
- *Dass wir trotzdem da sind, grenzt an ein Wunder.*
- *Warum es so gekommen ist, bleibt offen.*

~

7
Bis an die Enden der Welt

Aufgepasst! Jetzt werden Sie gleich ganz klein. Wir bekommen es mit astronomischen Größen zu tun. Und die sind bekanntlich so gewaltig, dass daneben alle uns bekannten Größen, die eigene inbegriffen, ziemlich mickrig erscheinen.

Distanzen werden im All mit Lichtjahren gemessen. Das ist die Strecke, die das Licht in einem Jahr zurücklegt, fast zehn Billionen Kilometer. Eine Zahl, die jede Vorstellungskraft übersteigt. Um die Sternenwelt zu kartographieren, brauchen die Astronomen Dutzende, Tausende, Millionen und Milliarden von Lichtjahren. Und doch liegen große Teile des Alls in völliger Dunkelheit, weil das Licht aus sehr weit entfernten Regionen uns in den knapp 14 Milliarden Jahren seit dem Urknall noch gar nicht erreichen konnte.

Zudem wird das Universum immer größer. Der Raum zwischen den Galaxien (Sternensystemen) dehnt sich mit wachsender Geschwindigkeit aus. Dadurch entfernen sich die Galaxien voneinander wie die Farbtupfer auf einem Luftballon, der aufgeblasen wird.

Die große Frage ist, wohin sich das Universum ausdehnt. Es selber ist ja der Raum, und ein Raum jenseits des Raumes ist für die Physiker nicht denkbar. Sie haben eine andere Erklärung: Das Universum ist ein gekrümmter Raum und dehnt sich in sich selber aus – also dorthin, wo es schon ist. Eine ziemlich krumme Angelegenheit, die nur noch mit mathematischen Formeln beschrieben werden kann, sich aber der Anschauung komplett entzieht.

Und wie groß ist das Ganze? Das weiß niemand. Auf jeden Fall unendlich viel größer als alles, was wir uns vorstellen können. Mit der Vorstellung ist hier ohnehin nichts mehr zu machen. Sie setzt die Koordinaten von Raum und Zeit voraus. Das Universum aber ist kein Gebilde in Raum und Zeit. Es ist gerade umgekehrt: Raum und Zeit befinden sich in ihm.

Einen Mittelpunkt kennt das Universum nicht. Und damit auch keinen Fixpunkt, von dem aus das All sich vermessen ließe. Sämtliche Sterne und Planeten schwimmen in einem undefinierten leeren Raum. Es gibt keine Himmelsrichtungen, kein hinten und kein vorn, kein oben und kein unten. Der Ort eines Sterns kann nie absolut, sondern immer nur im Verhältnis zu anderen Sternen definiert werden.

Und der Mensch? Ein hilfloses Wesen, verloren im Nirgendwo? Oder doch etwas mehr? Wahrscheinlich trifft beides zu. Wir sind verloren, wenn wir das All als kaltes Gegenüber betrachten, das abgetrennt von uns existiert. Verstehen wir uns aber als Kinder des Alls, was auch im naturwissenschaftlichen Sinn nachweisbar zutrifft*, dann verbindet sich unsere Winzigkeit mit der Unermesslichkeit des Alls zu einem Ganzen. Wir werden zu Teilhabenden am kosmischen Geschehen.

Wenn wir den Blick so ausweiten, stellen wir fest: Eben diese gewaltigen kosmischen Räume, die uns so erschreckend klein erscheinen lassen, haben unsere Existenz möglich gemacht. »In jedes Wesen sind Abermillionen Jahre schöpferischer Arbeit des Universums eingeflossen«, stellt der brasilianische Theologe Leonardo Boff (* 1938) fest. Das ganze All scheint sich verschworen zu haben, um hier auf der Erde Leben und Be-

* vgl. das Kapitel »Das Universum in uns«, S. 139.

wusstsein hervorzubringen. Und das hat der kleine Mensch den großen Sternen voraus: Er kann denken, fühlen und lieben.

Der Universalgelehrte Blaise Pascal (1623–1662) erblickte um sich herum »nichts als Unendlichkeiten«, was ihm unheimlich erschien: »Das ewige Schweigen dieser unendlichen Räume macht mich schaudern.« Die moderne Kosmologie weiß unterdessen von unserer tiefen Verbundenheit mit dem Universum. Und so stellt der Schriftsteller Paul Claudel (1868–1955) Pascals kosmischer Verlorenheit eine neue Vision gegenüber: »Das ewige Schweigen der unendlichen Räume erschreckt mich nicht mehr. Ich bewege mich darin vielmehr mit familiärer Vertrautheit. Heute ist uns die ganze Welt geschwisterlich vertraut.«

Wir gehören zur großen kosmischen Familie. Das Universum ist nicht gegen uns. Es ist unsere Heimat, gegenwärtig in allem, was ist – auch in uns.

~

Auf den Punkt gebracht:

- *Das Universum dehnt sich immer schneller aus.*
- *Es ist unermesslich groß und kennt keinen Mittelpunkt.*
- *Das riesige Universum bietet dem kleinen Menschen Heimat.*

~

Blick durch die Himmelssphäre: Ein am Rande der Erde kniender Mensch betrachtet staunend das Universum. Diesen Holzstich hat der französische Astronom Camille Flammarion 1888 im Stile des 16. Jahrhunderts anfertigen lassen. Seine Bildunterschrift lautet: »Ein Missionar des Mittelalters erzählt, dass er den Punkt gefunden hat, wo sich Himmel und Erde berühren.«

8

Das Rad des Wandels

Alles, was existiert, durchläuft den Zyklus von Werden und Vergehen. Alles hat einen Anfang und ein Ende. Alles? Beim Universum ist das nicht ganz klar. Zwar gehen die meisten Wissenschaftler davon aus, dass es einen Anfang hat – aber wie seine Zukunft und sein mögliches Ende aussehen werden, vermag niemand mit Sicherheit zu sagen. Es könnte theoretisch auch ewig existieren, allerdings nicht in der heutigen Gestalt.

Bis vor kurzem waren die meisten Astronomen der Ansicht, dass sich die Expansion des Alls verlangsamen wird, weil die Galaxien mit ihrer Schwerkraft sich gegenseitig anziehen und abbremsen. Das würde schließlich zu einem vollständigen Stillstand und zum Kollaps führen. Die Geschichte des Universums wäre aus. Immerhin gäbe es dann noch die Möglichkeit, dass auf dieses Ende ein neuer Urknall folgt und die ganze Geschichte wieder beginnt. Ein zyklisches Universum, das bis in alle Ewigkeit immer neu entsteht und wieder vergeht.

Für die Astrophysik steht heute allerdings ein anderes Szenario im Vordergrund: Weil die Ausdehnung des Alls von einer unbekannten, »dunklen« Energie immer schneller vorangetrieben wird, nimmt der leere Raum zwischen den Galaxien zu. Damit wird der Abstand zwischen den Sternen immer größer und die Bremswirkung ihrer gegenseitigen Anziehung schwächer. Das All fliegt buchstäblich auseinander. Geht es so weiter, werden die Sterne in ferner Zukunft irgendwanneinmal verlöschen, die Planetensysteme auseinanderbrechen und die Materie zerfallen. Am Schluss bleibt dann nur noch Strahlung, die durch leere, dunkle Räume zieht.

Bis es soweit ist, dauert es noch viele Billionen Jahre. Und vielleicht kommt ja alles noch ganz anders. Schon das Wetter der nächsten Tage kann niemand präzise vorhersagen – was wollen wir dann über das Universum in Billionen von Jahren schon wissen?

Etwas näher, aber immer noch in beruhigend großer Entfernung, liegt das Ende unseres Sonnensystems: Die Sonne hat bald die Hälfte ihrer Lebensdauer hinter sich. In etwa fünf Milliarden Jahren wird ihr Brennstoff zu Ende gehen. In ihrem Todeskampf wird sie sich gewaltig aufblähen und die Planeten in ihrer Nähe verschlucken. Spätestens dann ist für die Erde definitiv Schluss. Doch es ist auch möglich, dass sie früher von einem der mächtigen Gesteinsbrocken getroffen wird, die durch das All fliegen. Der Einschlag eines größeren Himmelskörpers, wie er in der Erdgeschichte mehrmals passiert ist, könnte verheerende Folgen haben. Äußerst gefährlich wäre auch eine Sternexplosion in unserer kosmischen Nachbarschaft.

Das alles sind Möglichkeiten. Was Wirklichkeit wird, vermag niemand zu sagen. Die Zukunft ist offen. Immerhin ist die Wahrscheinlichkeit, dass sich zu unseren Lebzeiten eine kosmische Katastrophe ereignet, relativ gering. Tatsache aber bleibt: Alles, was in diesem Universum entsteht, zerfällt früher oder später wieder. Es gibt keine Ausnahme vom kosmischen Gesetz des Werdens und Vergehens. Möglicherweise unterliegt ihm sogar das Universum selber.

Jede Ordnung tendiert zur Unordnung, jedes Gleichgewicht zum Ungleichgewicht. Das klingt unerfreulich, hat aber auch eine unbestreitbar gute Seite: Diese Instabilität ist der Motor aller Entwicklung. Die Evolution des Kosmos wäre nicht möglich ohne den dauernden Wechsel zwischen Entstehen und Vergehen. Ihm verdanken wir auch unser Dasein. Wenn in diesem Universum nicht ständig gestorben würde, wären wir nie geboren worden.

Schwierigkeiten bereitet uns allerdings die Tatsache, dass das Universum für uns keine Ausnahme macht: Auch wir werden eines Tages wieder abtreten müssen. Das Rad des Wandels dreht sich unermüdlich weiter. Wir werden mit den Sternen und Planeten, den Bergen und Bäumen, den Tieren und Pflanzen den Weg alles Zeitlichen gehen. Wohin er führt, wissen wir nicht. Aber warum nicht darauf setzen, dass auch unser Ende der Anfang von etwas Neuem ist?

»Es wird dunkel«, sagt die Eintagsfliege, »der einzige Tag der Welt geht zu Ende«.[*] Uns sind ein paar Tage mehr vergönnt, Monate, Jahre, Jahrzehnte gar. Und das ist in diesem unbeständigen Universum immer wieder ein Grund zur Freude.

Auf den Punkt gebracht:

- *Alles, was im Universum entsteht, vergeht auch wieder.*
- *Vergehen und Entstehen gehören zusammen.*
- *Uns gibt es, weil es anderes nicht mehr gibt.*

---

[*] Diese Kleinstgeschichte stammt von dem deutsch-amerikanischen Schriftsteller Stephan Lackner (1910–2000).

9
Mut zur Unvollkommenheit

Die uralte und endlos lange Geschichte des Universums ist nicht in Schönschrift geschrieben. Sie gleicht eher einem unleserlichen Entwurf, der laufend korrigiert und überarbeitet wird. Da wird durchgestrichen, ergänzt und neu geschrieben. Als ob ein kreativer Geist am Werk wäre, der im Eifer gelegentlich etwas pfuscht, aber auch immer wieder geniale Einfälle hat. Die Fehlertoleranz des Universums ist jedenfalls beeindruckend: Es weiß vieles, was schief läuft, wieder auszubügeln. Die Evolution bricht nie ab.

Steckt ein Plan dahinter? Wir wissen es nicht. Sollte es einen geben, dann wäre dieser so gut versteckt, dass wir ihn nicht finden können. Heute gehen die meisten Wissenschaftler allerdings davon aus, dass die Evolution keinem Plan folgt. Nach dem französischen Genetiker und Nobelpreisträger François Jacob (* 1920) gleicht sie eher einer dilettantischen Bastelei als einem Werk solider Ingenieurskunst.

Es scheint, dass das Universum mal diese Möglichkeit ausprobiert und dann jene, ganz nach dem Prinzip von *Trial and Error,* Versuch und Irrtum. Das meiste, was es hervorgebracht hat, ist längst wieder auf dem Abfallhaufen der kosmischen Geschichte gelandet. So sind in der Frühzeit des Universums ganze galaktische Welten zerrissen und Sternensysteme zerstört worden. Auf dem Planeten Erde sind in den vergangenen vier Milliarden Jahren mehr als 99 Prozent aller Arten wieder verschwunden. Die Wellen der Zerstörung haben aber auch immer wieder schöpferische Prozesse in Gang gesetzt. In der Natur scheint eine Kraft zu liegen, die das Chaos zu überwinden sucht und neue Ordnungen aufbaut.

Die wechselhafte Geschichte des Universums spiegelt sich in seinen Kindern, in Ihnen und in mir. Und natürlich auch in unseren Unvollkommenheiten, Fehlern und Krisen. Das mag bedauerlich sein, doch Tatsache ist, dass krisenhafte Momente auch neue Entwicklungen einleiten. Ob im Makrokosmos der Sterne und Galaxien oder im Mikrokosmos Mensch: Die Bruchstellen enthalten ein kreatives Potenzial. Wir verdanken unser Dasein nicht zuletzt den zahlreichen Krisen des Universums.

Der Kosmologe Thomas Berry (1914–2009) spricht von einem »kreativen Ungleichgewicht«, welches die Evolution vorantreibt: »Wenn etwas im Gleichgewicht ist, wird es unproduktiv. Gleichgewicht ist perfekt, aber tödlich. Deshalb beruht Leben auf Ungleichgewicht.« Das gilt auch für uns. Das innere Gleichgewicht ist zwar ein durchaus erstrebenswertes Ideal. Doch wir verfehlen und verlieren es erfahrungsgemäß immer wieder, was nach Berrys Argumentation auch gar nicht so schlecht ist: Wir bleiben nur dann lebendig, wenn wir nicht in einem perfekten Gleichgewicht verharren, sondern ab und zu auch ins Wanken geraten und einen neuen Schritt wagen müssen.

Die Natur findet selbst in aussichtslosen Situationen immer wieder Wege, die eine Weiterentwicklung ermöglichen. Dabei stellt sie nicht einfach die alte Situation wieder her, sondern lässt neue Formen und Ordnungen entstehen. Als sich auf der jungen Erde durch die Vermehrung der Pflanzen ständig mehr Sauerstoff anreicherte, wurden unzählige Arten für immer ausgelöscht. Daraufhin entwickelte die Natur ein Stoffwechselsystem, für das genau dieser bisher schädliche Sauerstoff benötigt wurde. Neue, Sauerstoff atmende Lebewesen begannen den Planeten zu bevölkern. Ohne die Sauerstoffkatastrophe und die schöpferische Anpassungsleistung der Natur wären wir nicht hier.

Angesichts der etwas ungeordneten Entwicklung des Universums erscheint die Erwartung, dass unser eigenes Leben schön geordnet nach Plan verlaufen soll, unrealistisch. Die Natur ist nicht so. Ihre Geschichte ist auf ebenso krummen Linien geschrieben wie unsere. Und es ist eine gute Geschichte.

Vielleicht können wir es so zusammenfassen: Wenn wir vollkommen natürlich sind, sind wir natürlich unvollkommen.

～

Auf den Punkt gebracht:

- *Evolution heißt: Aufbrüche, Krisen und Neuanfänge.*
- *Die Natur erweist sich dabei als äußerst kreativ.*
- *Unvollkommenheit ist vollkommen natürlich.*

～

Die drei großen Rätsel:
Licht, Zeit, Materie – und was sich dahinter versteckt

Aus der Natur,
nach welcher Seite hin man schaue,
entspringt Unendliches.

Johann Wolfgang Goethe

10
Lieder des Lichts

Alles beginnt mit dem Licht. Licht ist die kosmische Energie, aus der die Welt hervorgegangen ist. Die Materie folgt erst an zweiter Stelle. In erstaunlicher Parallelität zu den Erkenntnissen der Physik beschreiben auch die großen Weltreligionen das Licht als jene Urkraft, mit der alles seinen Anfang nimmt. Es ist die Quelle von allem.

Überall ist Licht. Auch dort, wo wir es nicht sehen. Physikalisch gesehen ist Licht eine elektromagnetische Strahlung. Das menschliche Auge vermag davon nur einen kleinen Ausschnitt zwischen den kurzwelligen Röntgen- und den langwelligen Radiostrahlen wahrzunehmen. Und selbst dieser Ausschnitt zeigt sich dem Auge nicht direkt, sondern als Widerschein. Denn seltsamerweise ist das Licht an sich gar nicht zu sehen.

Wenn Sie jetzt kurz von diesem Buch aufschauen und um sich blicken, werden Sie etliche Dinge sehen, sowie möglicherweise die Lichtquelle, eine Lampe oder die Sonne. Aber das Licht selber? Es bleibt unsichtbar.

Wir sehen das Licht immer indirekt. Alles, was unser Auge wahrnimmt, reflektiert Licht. Jedes sichtbare Objekt sendet Licht zu unserem Auge. Sich selbst aber kann das Licht nicht beleuchten. So funkeln im All Milliarden von Sternen, doch weil kaum ein Objekt ihr Licht spiegelt, bleibt es dunkel. Diese Dunkelheit aber ist erfüllt mit Licht. Ein erstaunliches Paradox.

Dass das Licht sich dem Auge nicht direkt aufdrängt, hat durchaus seinen Sinn. Es würde sonst ständig wie ein

Nebel die Sicht trüben. So aber gibt es den Blick frei. Es ist die reine Selbstlosigkeit. Es macht alles sichtbar, nur sich selber nicht. Das Licht gilt deshalb vielen Kulturen der Welt als heilige Urkraft, die das ganze All durchströmt. Als Symbol für das Göttliche, das überall gegenwärtig und doch nirgends zu fassen ist.

Die Natur des Lichts ist bis heute unbekannt. Die Physik beschreibt es mit zwei Modellen, die beide zutreffen, obwohl sie nicht miteinander zu vereinbaren sind: Welle und Teilchen. Je nach Experiment zeigt sich das Licht entweder als weiche Welle oder als fester Körper. Wird untersucht, wie es sich im Raum ausbreitet, verhält es sich wie eine Welle. Wird seine Wechselwirkung mit der Materie beobachtet, erscheint es als Teilchen.

Was ist Licht nun wirklich? Beides, sagen die Physiker, und doch keines von beidem. Welle und Teilchen sind Bilder, Denkmodelle. Sie besagen: Licht ist *wie* ein Teilchen und *wie* eine Welle – aber was es wirklich ist, wissen wir nicht.

Diese Grenze der Erkenntnis gilt auch für jene letzte, transzendente Wirklichkeit, die durch das Licht symbolisiert wird. Über sie kann nur in Bildern und Gleichnissen gesprochen werden: Gott, Allah oder Brahma ist *wie* ein Vater, wie eine Mutter, wie der Wind, wie das Feuer – und doch ganz anders. Das Nirwana ist wie das Verlöschen einer Kerze, wie die reine Glückseligkeit – und doch ganz anders. In ihren Bildern und Symbolen unterscheiden sich die Religionen – im Nichtwissen der letzten Wirklichkeit treffen sie sich wieder. Und mit den Physikern, die auf ihrem Gebiet ebenfalls an die Grenzen der Erkenntnis stoßen.

Ohne Licht gäbe es kein Leben und keine Welt, wie wir sie kennen. Alles Sichtbare ist ein Widerschein des unsichtbaren Lichtes. Im Licht sind auch sämtliche Farben enthalten. Es macht die Welt bunt. Das Blatt eines Baumes erscheint grün, weil es den Grünanteil der Sonnenstrahlen reflektiert, alle anderen darin enthaltenen Farben aber verschluckt. Der Himmel wirkt blau, weil die Luftmoleküle den blauen Anteil des Sonnenlichts stärker streuen als die anderen Farben. Und die Rose ist rot, weil sie vom Licht berührt wird und dieses Licht nicht für sich behält, sondern weiterverschenkt an das menschliche Auge.

»Licht singt tausendfache Lieder«, schreibt Hermann Hesse (1877–1962).

~

Auf den Punkt gebracht:

- *Licht ist der kosmische Urstoff.*
- *Licht an sich ist unsichtbar.*
- *Die Natur des Lichtes ist nicht bekannt.*

~

11

Im Herzen der Materie

Dem Bekannten die »Würde des Unbekannten« verleihen: In dieser offenen Haltung können wir nach dem Dichterphilosophen Novalis (1772–1801) die Welt neu entdecken. Viele vertraute Dinge des täglichen Lebens verlieren dann ihre Selbstverständlichkeit. Wenn wir sie lange genug befragen und von ganz nahe betrachten, zeigen sie sich neu und anders. Das gilt insbesondere für die Materie. Wie das Licht ist auch sie nicht bis ins letzte Detail zu entschlüsseln, so dass bis heute offen bleibt, was Materie wirklich ist.

Das lateinische Wort *materia* heißt *Stoff*. Der Stoff, aus dem die Welt gewoben ist, kennt drei verschiedene Formen: fest, flüssig oder gasförmig. Ein Tisch, ein Wassertropfen oder die Luft, die uns umgibt – alles Materie.

In der Antike hat sich die auf Aristoteles (4. Jh. v. Chr.) zurückgehende Auffassung durchgesetzt, dass die Materie aus vier Urstoffen besteht: Feuer, Erde, Wasser und Luft. Es gab damals noch eine andere Theorie, die aber nur wenige Anhänger fand. Sie stammt vom griechischen Philosophen Leukipp und seinem Schüler Demokrit (5. Jh. v. Chr.). Die beiden fragten sich, was passiert, wenn man einen Stein immer weiter zerlegt. Irgendeinmal würde nichts mehr übrig bleiben. Umgekehrt wäre es aber nicht möglich, aus diesem Nichts wieder einen Stein zusammenzusetzen. Daraus folgerten sie, dass es ein allerkleinstes Teilchen geben muss, aus dem alle Dinge aufgebaut sind. Sie nannten es *atomos,* was übersetzt *unteilbar* bedeutet.

Für Demokrit ist die ganze sinnlich erfahrbare Welt letztlich eine Täuschung, denn, so erklärt er, »in Wirklichkeit gibt es nur Atome und den leeren Raum«. Beweise für diese Theorie hat er allerdings keine. Sie wurde auch nicht weiter verfolgt und geriet bald in Vergessenheit. Die aristotelische Lehre der vier Urstoffe bestimmte fortan das naturwissenschaftliche Denken. Erst im 19. Jahrhundert wurde die Idee von den unteilbaren Atomen wieder aufgegriffen, weiter entwickelt und experimentell geprüft, bis eindeutig feststand: Materie ist tatsächlich aus Atomen aufgebaut. Alles, was wir um uns herum wahrnehmen, sind wechselnde Kombinationen von rund hundert verschiedenen Arten von Atomen.

Doch beim Atom ist noch nicht Schluss. Bald zeigte sich, dass es weiter zerlegt werden kann: Das Atom besitzt einen Kern, in dem fast die gesamte Masse steckt. Er besteht aus Protonen und Neutronen, die ihrerseits aus Quarks zusammengesetzt sind. Um den Atomkern rasen wie die Gondeln eines Super-Karussells die viel leichteren Elektronen. Wegen ihrer hohen Geschwindigkeit erscheinen sie nicht mehr als feste Körper und ihr Ort kann nicht exakt bestimmt werden.

Im Herzen der Materie stoßen wir auf viel Lebendigkeit. So gesehen ist es falsch, von »toter« Materie zu reden. Materie ist keineswegs tot. Die subatomaren Teilchen bewegen sich. Nur spielen sich ihre Bewegungen in einem Bereich ab, der dem menschlichen Auge nicht mehr zugänglich ist. Objekte der Mikrowelt können wir nicht sehen und anfassen. Um ihnen auf die Spur zu kommen, braucht es gigantische Maschinen, die sogenannten Teilchenbeschleuniger, und eine Reihe von hoch abstrakten mathematischen Gleichungen.

Das Atom markiert eine Grenze zwischen unserer Erfahrungswelt und dem Mikrokosmos, wo vieles etwas anders ist. Die von Leukipp und Demokrit postulierten Grundbausteine, eine Art solide kleinste Kügelchen, gibt es nicht. Im Innersten der Materie erscheinen und verschwinden Teilchen wie Wirbelwinde in einem Meer von Energie. Ständig oszillieren sie zwischen Sein und Nichtsein. Die innerste Wirklichkeit steht nicht fest, sie ereignet sich in jedem Augenblick neu.

Diese Beobachtungen in der submikroskopischen Welt stehen in einem auffälligen Kontrast zur Welt, wie wir sie kennen. Wir sehen feste Objekte und nehmen auch unseren Körper als fest strukturierte Einheit wahr. Das ist auch gut so. Ohne ein gewisses Maß an Festigkeit könnten wir gar nicht existieren. Nur sollten wir uns nicht täuschen lassen: Die Welt ist letztlich nicht so solide, wie sie uns erscheint. Und, was in einer materialistisch orientierten Gesellschaft leicht vergessen geht: Materie ist etwas höchst Flüchtiges. Wer sich allein auf sie verlässt, baut auf Sand.

Das wussten die Weisen aller Zeiten und Zonen. Und das weiß heute die moderne Physik: Sie hat die Materie entmaterialisiert. Im Innersten der Materie findet sie nichts Greifbares mehr, sondern Felder von Energie. »Es gibt keine Materie an sich«, stellt der Physik-Nobelpreisträger Max Planck (1858–1947) fest. Materie entsteht nach ihm durch eine Kraft, welche Atomteilchen in Schwingung versetzt und zusammenhält. Planck geht davon aus, dass hinter dieser Kraft eine unfassbare Wirklichkeit steht, die er *Geist* nennt. Das Atom öffne einer materialistisch denkenden Menschheit »die Türe in die verlorene und vergessene Welt des Geistes«.

So hat die neue Physik nicht nur die Grundlagen für viele modernen Technologien gelegt, sondern auch die geistig-spirituelle Dimension des Daseins neu entdeckt. Die Tür steht offen. Wir brauchen nicht nur Handys,

Computer und CD-Spieler (all diese Geräte gäbe es ohne die Teilchenphysik nicht), wir brauchen vor allem diese Tür. Auf vieles andere können wir dann getrost verzichten.

~

Auf den Punkt gebracht:

- *Der Stoff, aus dem die Welt gewoben ist, besteht aus Atomen.*
- *Die Welt steht nicht fest – sie ereignet sich.*
- *Materie ist im Innersten nicht aus Materie aufgebaut.*

~

12
Die Vermessung der Zeit

Um dem Geheimnis der Materie auf die Spur zu kommen, zerlegen die Physiker sie in immer kleinere Teilchen. Dasselbe machen sie auch mit der Zeit. Zeit ist eine immaterielle Größe, kann aber trotzdem wie ein Stück Holz immer weiter zerteilt werden. Mittlerweile sind die Physiker bei der Attosekunde angekommen, dem Milliardstel einer Milliardstelsekunde. Sie ist vorläufig die kleinste messbare Zeiteinheit. Aber auch diese ist noch weit entfernt von der allerkleinsten Zeiteinheit, der sogenannten Planck-Zeit, die nur noch theoretisch berechnet werden kann.

Während auf der einen Seite die Atomphysiker mit verschwindend kleinen Zeitspannen experimentieren, rechnen auf der anderen Seite die Astronomen mit Jahrmilliarden. Aber beide können nicht exakt bestimmen, was das Wesen der Zeit ist. Physikalisch ist sie nicht eindeutig fassbar.

Dabei ist die Zeit im Alltag etwas so Selbstverständliches. Das Ticken der Uhren ist der Inbegriff von Verlässlichkeit und Ordnung. Doch wer lange genug über die Zeit nachdenkt, verliert allmählich den Boden unter den Füßen. Schon der Kirchenvater Augustinus berichtet von dieser irritierenden Erfahrung: »Was ist Zeit? Wenn mich niemand fragt, weiß ich es; wenn mich aber jemand fragt und ich es erklären will, weiß ich es nicht.« Augustinus bezweifelt sogar, ob die Zeit überhaupt real ist: »Die Zeit kommt aus der Zukunft, die nicht existiert, in die Gegenwart, die keine Dauer hat, und geht in die Vergangenheit, die aufgehört hat zu bestehen.«

Heute diskutieren die Physiker, ob es die Zeit wirklich gibt, und wenn ja, was sie denn ausmacht: Ist sie ein Pfeil, der von der Vergangenheit in die Zukunft führt? Kann dieser Zeitpfeil auch einmal die Richtung ändern und von der Zukunft in die Vergangenheit weisen? Oder fließt die Zeit gar nicht, sondern existiert einfach? All dies kann in mathematischen Modellen erprobt werden. Dabei gelangen immer mehr Wissenschaftler zu der Überzeugung, dass der Zeitfluss tatsächlich bloße Einbildung ist.

Im Alltag spielen die abstrakten Theorien der Wissenschaftler keine Rolle. Da ist die Zeit ein Maß für Veränderung. Sie zeigt sich in der Abfolge der Ereignisse, im Nacheinander von Vergangenheit, Gegenwart und Zukunft. Zwar ändert sich alles im Laufe der Zeit, die Zeit selber aber nicht. Deshalb hat man bis ins zwanzigste Jahrhundert auch angenommen, dass es eine Art Weltzeit gibt, die im ganzen Universum gilt und überall gleich ist. Bis Albert Einstein (1879–1955) mit seiner Relativitätstheorie aufgezeigt hat, dass es diese absolute Zeit nicht geben kann. Zeit ist relativ. Sie hängt ab vom Menschen, der sie misst, von seinem Ort und seiner Bewegung.

Einsteins Relativitätstheorie sagt: Je schneller man sich bewegt, umso langsamer vergeht die Zeit. So läuft eine Uhr in einem fahrenden Zug etwas langsamer als eine Kirchturmuhr. Allerdings ist die Differenz extrem klein. Die Schwerkraft großer Massen hat dieselbe Wirkung: Ein Mensch im obersten Stockwerk eines Hochhauses altert etwas schneller als sein Mitbewohner im Erdgeschoss. Deswegen nach unten zu ziehen lohnt sich aber nicht; auch hier ist der Unterschied so gering, dass er kaum gemessen werden kann.

Von Bedeutung sind diese Effekte erst in kosmischen Dimensionen. Extrem hohe Geschwindigkeiten, wie sie im All vorkommen, dehnen die Zeit. Auch die Schwerkraft großer Sterne zieht die Zeit in die Länge. Eine bizarre Vorstellung, gewiss, aber auch ein experimentell gut bestätigtes Faktum. Im All gehen die Uhren tatsächlich anders. Es gibt keine absolute Zeit. Kein Jetzt, das überall gilt.

Liegt in der Relativität der Zeit ein Trost für uns sterbliche Erdenkinder? Nach dem Tod eines nahen Kollegen schrieb Einstein an dessen Familie: »Nun ist er mir auch mit dem Abschied aus dieser sonderbaren Welt ein wenig vorausgegangen. Dies bedeutet nichts. Für uns gläubige Physiker hat die Scheidung zwischen Vergangenheit, Gegenwart und Zukunft nur die Bedeutung einer, wenn auch hartnäckigen, Illusion.«[*]

Dreihundert Jahre vor Einstein hat der schlesische Mystiker Angelus Silesius (1624–1677) eine ganz ähnliche Aussage gemacht: »Zeit ist wie Ewigkeit und Ewigkeit wie Zeit, so du nur selber nicht machst einen Unterscheid.«

~

Auf den Punkt gebracht:

- *Die Zeit ist bis heute eine große Unbekannte.*
- *Die Vorstellung einer absoluten Zeit ist eine Illusion.*
- *Es gibt im Universum unendlich viele Zeiten.*

~

[*] Der Ausdruck »gläubige Physiker« bezeichnet bei Einstein nicht den Glauben der jüdisch-christlichen Tradition, zu dem er ein distanziertes Verhältnis hatte. Er meint damit Physiker, die ihre wissenschaftlichen Erkenntnisse zur Grundlage ihres Weltbildes und ihrer Lebensanschauung gemacht haben.

13
Die Verknüpfung des Raums

Raum und Zeit bilden die Bühne, auf der wir die Welt betrachten. Weil das Theater uns fasziniert, nehmen wir die Bühne kaum noch zur Kenntnis. Sie gehört einfach dazu. Bis Einstein kommt und daran zu rütteln beginnt. Diese Bühne, so sagt er, eignet sich zwar für das alltägliche kleine Theater, aber nicht für das große kosmische Schauspiel. Da nämlich sind Raum und Zeit keine fixen, sondern veränderliche Größen.

Wie ist er zu dieser Erkenntnis gekommen? Einstein meint, er sei ein Spätzünder und habe erst als Erwachsener begonnen, die Fragen eines Kindes zu stellen: »Ich habe mich derart langsam entwickelt, dass ich erst anfing, mich über Raum und Zeit zu wundern, als ich bereits erwachsen war. Naturgemäß bin ich dann tiefer in die Problematik eingedrungen als ein gewöhnliches Kind.« Und er fügt hinzu: »Übrigens weiß ich ganz genau, dass ich selbst gar keine besondere Begabung habe. Neugier, Besessenheit und eine sture Ausdauer, verbunden mit Selbstkritik, haben mich zu meinen Gedanken gebracht.«

Und diese Gedanken sind revolutionär: Es gibt keine absolute Zeit und keinen absoluten Raum und damit auch kein Koordinatensystem, das immer und überall gilt. So wie die Zeit ist auch der Raum eine relative Größe: Was wir als oben und unten, vorne und hinten, links oder rechts definieren, hängt von unserem Standpunkt ab. So kann der Ort der Erde im Weltraum nur in Bezug auf andere Himmelskörper definiert werden. Absolute Ortsangaben sind nicht möglich.

Raum und Zeit sind nicht nur relativ – sie sind auch untrennbar miteinander verbunden. Einsteins Relativitätstheorie verknüpft die Zeit als vierte Dimension mit den drei Dimensionen des Raumes – Länge, Breite, Höhe. Zu den bekannten Richtungen – vorwärts/rückwärts, links/rechts, aufwärts/abwärts – kommt hinzu: in die Vergangenheit/in die Zukunft. Das ganze Gebilde nennt er Raumzeit.

Wie muss man sich diese Raumzeit vorstellen? Gar nicht. Die Evolution hat unser Hirn für das Überleben in der Wildnis ausgebildet, und dafür genügen drei Dimensionen. Vier Dimensionen kann es schlicht nicht verarbeiten. Die vierdimensionale Welt überfordert unsere Imaginationskraft. Aber vielleicht müssen wir auch nicht alles verstehen, wie Albert Einstein in einem Brief an einen Physikerkollegen spöttelt: »Falls Gott die Welt geschaffen hat, war seine Hauptsorge sicherlich nicht, sie so zu machen, dass wir sie verstehen.«

Auch Einstein hat sich die Raumzeit nicht vorstellen können. Er hat sie errechnet. Später ist sie experimentell bestätigt worden. Warum Raum und Zeit untrennbar verknüpft sein müssen, ist dagegen leicht zu verstehen: Alles, was an einem Ort existiert, hat auch seine Zeit. Und alles, was zu einer Zeit existiert, hat auch seinen Ort. Es gibt keine vom Raum unabhängige Zeit und keinen von der Zeit unabhängigen Raum. Wenn wir mit jemandem einen Termin vereinbaren, müssen wir bekanntlich nicht nur die Zeit, sondern auch den Ort festlegen.

Jeder Raum setzt eine Entfernung voraus. Eine Entfernung wird in der Zeit zurückgelegt. Ohne die Zeit gibt es keine Entfernung und der Raum fällt zusammen. Umgekehrt gilt: Ohne Raum gibt es keine Zeit. Voraussetzung für die Messung der Zeit ist eine Bewegung im Raum. So bestimmt die Drehung der Erde um sich selber den Takt unserer Uhren. Und ein Blick in den kosmischen Raum ist immer auch ein Blick in die Zeit: Wir sehen die Sterne jetzt an einem Ort, wo sie früher einmal waren. Die gigantischen kosmischen Distanzen werden in Lichtjahren gemessen, das heißt mittels der Zeit, die das Licht braucht, um einen Raum zu durchqueren.

Schon vor Einstein haben einige Menschen geahnt, dass Raum und Zeit zusammengehören. So notierte Novalis in seinen *Fragmenten:* »Raum und Zeit entstehen zugleich und sind also wohl eins ... Raum ist beharrliche Zeit, Zeit ist fließender Raum.«

Heute begnügt sich die Wissenschaft nicht mehr mit der vierdimensionalen Raumzeit. Sie rechnet mit zehn und noch mehr Dimensionen, die allerdings extrem klein sind – falls es sie überhaupt gibt. Vorläufig existieren sie nur auf dem Papier respektive in den Computern, als mathematische Modelle, die experimentell nicht überprüft werden können.

Tatsache bleibt: Unsere Alltagswelt ist nicht die ganze Welt. Wir leben im dreidimensionalen Flachland, wie die Physikerin Lisa Randall (* 1962) feststellt, obwohl weitere Dimensionen existieren. Die beobachtbare Welt ist nur ein Ausschnitt einer höherdimensionalen Wirklichkeit. Oder wie Randall sagt: »Die Welt ist mehr, als was wir sehen.«

Mit solchen Aussagen rückt die Physik in die Nähe der Metaphysik. Allein dieser Satz genügt, um hinter dem sinnlich Erfahrbaren und rational Verstehbaren noch ein nie zu fassendes Mehr zu vermuten. Es ist ein Satz, der bescheiden macht und zugleich die Tür zu einer größeren Wirklichkeit aufstößt. Ein Satz, den man sich jedenfalls gut merken sollte, am besten in der ganz persönlichen Formulierung: Die Welt ist mehr, als was ich sehe (und denke).

Wer diesen Satz wie ein Mantra mit sich trägt, wird im Flachland des Alltäglichen immer wieder Überraschungen erleben.

~

Auf den Punkt gebracht:

- *Raum und Zeit sind untrennbar miteinander verknüpft.*
- *Raum ist beharrliche Zeit, Zeit ist fließender Raum.*
- *Die Welt kennt mehr Dimensionen, als wir wahrnehmen.*

~

»Relativität« von M. C. Escher. Der holländische Maler spielt mit den Perspektiven und Dimensionen und zeigt uns einen seltsam verschachtelten Raum, der unser Verständnis beinahe so strapaziert wie Einsteins Raumzeit. *(Bild: M.C. Escher: »Relativiteit« © 2004 The M.C. Escher Company B.V. – Niederlande. Alle Rechte vorbehalten. www.mcescher.com)*

14
Ein Hauch von Ewigkeit

Mit dem Licht hat einmal alles angefangen. Während mit der neuen Physik Raum und Zeit relativ werden, enthält das Licht eine absolute Größe. Seine Geschwindigkeit ist immer gleich, egal, wie schnell die Lichtquelle sich bewegt: Ob der Strahl einer Taschenlampe, das Leuchten eines Feuers oder der Scheinwerfer eines Düsenflugzeugs – das Licht flitzt von uns aus gesehen immer mit rund 300 000 Kilometern pro Sekunde durch den Raum. Es ist, nach heutigem Stand des Wissens, die höchstmögliche aller Geschwindigkeiten. Schneller geht nichts. In einer einzigen Sekunde kann das Licht achtmal den Erdball umrunden.

Und was passiert mit der Zeit, die nach der Relativitätstheorie mit wachsender Geschwindigkeit immer langsamer wird? Sie steht bei Lichtgeschwindigkeit ganz still! Wo die Zeit stillsteht, fällt auch der Raum zusammen. Der Raum verdichtet sich in einem Punkt und die Zeit im gegenwärtigen Augenblick. Das gilt aber nur für das Licht selber: Ein Lichtteilchen kennt keine Zeit und keinen Ort. Von außen betrachtet bewegt es sich aber durchaus in der Zeit durch den Raum.

Materie kann diesen Zustand nie erreichen. Ihre Masse lässt eine solch hohe Geschwindigkeit nicht zu. Das Lichtteilchen jedoch besitzt keine Masse und ist deshalb das Schnellste, was es überhaupt gibt. Es existiert in einer Gegenwart ohne Ausdehnung in Raum und Zeit. Ein Zustand, der auch Ewigkeit genannt wird. Und das haben die Menschen schon immer geahnt: Das Licht ist ein Bote des Ewigen. Mit ihm berührt etwas Absolutes unsere relative Welt.

Wir Menschenkinder aber leben in der Zeit. Und stellen zum Beispiel fest, dass das Licht der Sonne auf dem Weg zur Erde 150 Millionen Kilometer zurücklegt und dafür acht Minuten braucht. Für das Lichtteilchen sieht es anders aus. Weil es keine räumlichen und zeitlichen Distanzen kennt, ist es gleichzeitig auf der Sonne wie auf der Erde.

Ein Lichtteilchen, das mit dem Urknall losgeschickt wurde und heute als kosmische Hintergrundstrahlung beobachtet werden kann, ist von der Erde aus gesehen fast 14 Milliarden Jahre unterwegs. Für das Teilchen selber aber findet der Urknall in demselben Moment statt, wo es auf unser Auge trifft.

So knüpft das Licht ein Netz, welches sämtliche Ereignisse aus Vergangenheit, Gegenwart und Zukunft im ewigen Jetzt vereint. Es verbindet uns mit allem, was war, was ist und was jemals sein wird. »Licht bildet jenen Hintergrund, der ganz eins ist«, sagt der Einstein-Schüler David Bohm (1917–1992): »Licht ist Energie, Information, Inhalt, Form und Struktur – es bildet das Potenzial für alles.« Ähnlich wie der Quantenphysiker Bohm formuliert es der Symbolforscher Alfons Rosenberg (1902–1985): »Durch das Licht und in den Kraftfeldern des Lichts bildet sich die Vielfalt der Gestalten. Doch so vielfältig und gegensätzlich sie auch sein mögen, durch das Licht, aus dem sie hervorgegangen sind, bleiben sie vereint.«

Licht ist im ganzen Universum der leichteste Stoff. Die Sprache weiß das: Im Deutschen besteht zwischen den Worten Licht und leicht eine enge Verwandtschaft, im Englischen ist es sogar dasselbe Wort (light). Wo zuviel Licht ist, wird diese Leichtigkeit kaum zu spüren

sein. Aber in schwerer Dunkelheit kann das Licht feder-
leicht werden. Es genügt, in einem finstern Zimmer eine
Kerze anzuzünden, um dies zu erleben. All die kompli-
zierten Theorien sind in dem Moment nicht mehr so
wichtig. Der warme, flackernde Schein der Kerze genügt. Die Leichtigkeit des Lichts verführt zur Leichtigkeit des Seins. Was will man mehr?

Auf den Punkt gebracht:

- *Für das Licht gibt es weder Raum noch Zeit.*
- *Das Licht ist ein Bote des Ewigen.*
- *Das Licht verbindet alles, was ist, war und sein wird.*

15
Der Traum von der Weltformel

W o zu viel erklärt wird, da staunt niemand mehr«:
Der Satz stammt vom Dramatiker Eugène Iones-
co (1909–1994). Noch schärfer formuliert es die Sufi-
Mystikerin Rabi'a (1717–1801): »Wer erklärt, lügt.« Bei
Erklärungen ist also Vorsicht geboten. Eine gute Frage
soll nicht zu schnell gegen eine Erklärung ausgetauscht
werden.

Und doch brauchen wir Erklärungen, um uns in dieser
Welt zurechtzufinden. Die Wissenschaft verpackt ihre
Erklärungen in Modelle. Von der antiken Naturphiloso-
phie bis zur modernen Physik löst ein Modell das andere
ab. Oft baut das neue Modell auf dem alten auf, manchmal ersetzt es dieses auch. Jedes Modell löst gewisse Fragen und wirft früher oder später neue Fragen auf. Der
Horizont des Wissens erweitert sich ständig, bleibt aber
begrenzt. Es gibt immer noch ein unbekanntes Dahinter.

Modelle legen den Rahmen fest, in dem wir die Welt
betrachten und deuten. Sie zeigen uns nicht die ganze
Wirklichkeit, sondern nur jenen Ausschnitt, der auch in
den Rahmen passt. Alles andere fällt weg. Das setzt der
Erkenntnis Grenzen. Dabei stellt sich die grundsätzliche
Frage, ob wir die Welt *an sich* überhaupt je erkennen
können. Der Philosoph Immanuel Kant (1724–1804) hat
es bestritten, und die Wissenschaft gibt ihm heute weitgehend recht. Kant meint, dass jede Wahrnehmung
durch die Kategorien des Verstandes beeinflusst und geformt wird. So sehen wir nicht die Welt, wie sie wirklich
ist, sondern unsere Deutung der Welt.

Was wir als Wirklichkeit betrachten, ist deshalb nie ganz objektiv. Es schwingt immer eine subjektive Komponente mit. Wir sehen die Welt durch eine gefärbte Brille. Schon ein Hund oder eine Fliege sieht eine ganz andere Welt. Beide werden ihre Welt für die einzig wirkliche halten. Uns Menschen geht es genauso, aber wir können immerhin wissen, dass wir eine gefärbte Brille auf der Nase tragen. Das haben wir Hund und Fliege voraus.

Das spricht nicht gegen die Wissenschaft, ihre Modelle und Erklärungsversuche. Aber es spricht dagegen, ihre Erkenntnisse in den Rang absoluter Wahrheiten zu erheben. Es sind Annäherungen. Sie zeigen uns bestenfalls Teilaspekte der Wahrheit, aber nie die ganze Wahrheit. Einstein meint deshalb: »Wer es unternimmt, auf dem Gebiet der Wahrheit und der Erkenntnis als Autorität aufzutreten, scheitert am Gelächter der Götter.«

Vorsicht ist also angebracht. Das ganz große, immer und überall gültige Modell, das uns die Welt von A bis Z erklärt, wird es kaum je geben. Zwar fehlt es nicht an kühnen Entwürfen zu einer Weltformel, die als *Theorie von Allem* die ganze Natur eindeutig und widerspruchsfrei beschreiben soll. Doch kein Entwurf ist über das Anfangsstadium hinausgekommen, und das wird voraussichtlich so bleiben. Die Welt ist zu komplex, um sie in einem Satz von einfachen Formeln unterbringen zu können.

»Vergessen wir einfach die lang gesuchte *Theorie von Allem*«, erklärt deshalb der US-Physiker Marcelo Gleiser (* 1959): »Der Drang, die Naturgesetze in einer eleganten, umfassenden Theorie zu vereinen, hat seine Ursache in einem unbewussten religiösen Impuls, der unserem wunderbar unordentlichen, Leben ermöglichenden, unperfekten Universum nicht gerecht wird.«

Der russische Physiker Andrej Linde (* 1948) vermutet, dass mit der Weltformel »Gott in Form einer Formel« gesucht werde.

Unterdessen nehmen immer mehr Wissenschaftler Abschied von dieser Idee. Allen voran der Astrophysik-Star Stephen Hawking (* 1942), der die Weltformel lange und mit viel Einsatz propagiert hat. »Ich habe meine Meinung geändert«, erklärte er 2003 in einer legendären Rede: »Jetzt bin ich froh, dass unsere Suche nach Erkenntnis nie enden wird und wir stets die Herausforderung zu neuen Entdeckungen haben.«

Die Suche wird nie an ein Ende kommen. Und das ist gut so. Eine zu Ende erklärte Welt wäre eine graue und flache Welt. Sie würde uns keine Geschichten mehr erzählen. Es gäbe keine Fragen und keine Überraschungen mehr. Nur noch Erklärungen – und tödliche Langeweile. Lebendig sind wir da, wo nicht alles bereits fest steht. Wir brauchen das Unbekannte und ganz Andere, das sich all unseren Berechnungen, Theorien und Vorstellungen entzieht. Wir brauchen den unausgeleuchteten Raum des Geheimnisvollen, um dem Glück des Daseins auf die Spur zu kommen.

⁓

Auf den Punkt gebracht:

- *Wir sehen nicht die Welt, sondern unsere Deutung der Welt.*
- *Wissenschaftliche Modelle können nicht alles erklären.*
- *Lebendigkeit braucht das Unbekannte und Überraschende.*

⁓

Verborgene Schlüssel:
Die allerkleinsten Teilchen –
und was sie uns verraten

Alles, was er sah und hörte,
schien nur neue Riegel in ihm wegzuschieben
und neue Fenster ihm zu öffnen.

Novalis

16
Der Apfel der Erkenntnis

Eine große Maschine, deren Räder exakt ineinandergreifen: So stellte man sich vor gut dreihundert Jahren die Welt vor. Es war die Zeit von Aufklärung und Rationalismus. Die Forscher machten sich daran, die Weltmaschine in ihre Bestandteile zu zerlegen, um ihre Mechanismen zu verstehen. Bald, so schien es, würden sie die ganze Welt von A bis Z erklären und beherrschen können.

Die Fundamente dieser neuen Weltsicht wurden vom Philosophen René Descartes (1596–1650) gelegt. Er verstand das Universum als mechanisches System, das streng den Regeln mathematischer Notwendigkeit folgt. Ein Modell, das Descartes auch auf Pflanzen, Tiere und Menschen übertrug.

Es war dann aber der Universalgelehrte Isaac Newton (1643–1727), der dem mechanistischen Weltbild endgültig zum Durchbruch verhalf. Den großen Moment seiner Erkenntnis schildert er mit einer hübschen (und, wie wir heute wissen, von ihm erfundenen) Anekdote: Ihm sei im Garten ein Apfel vor die Füße gefallen, und bei dieser Gelegenheit habe er die Gesetze von Bewegung und Schwerkraft entdeckt.

Ob ein Apfel vom Baum fällt oder ein Planet um einen Stern kreist – der ganze Kosmos gehorcht nach Newton den gleichen ewigen Gesetzen. Naturvorgänge laufen so zuverlässig ab wie ein präzise eingestelltes Uhrwerk. Nichts bleibt dem Zufall überlassen, vielmehr folgen alle Erscheinungen dem Prinzip der Kausalität: Jedem Ereignis geht eine Ursache voraus, auf die eine Wirkung folgt. Wenn man die Anfangsbedingungen kennt, lässt sich mit großer Präzision voraussagen, was geschehen wird.

Mit dieser mechanistischen Welterklärung war man nicht mehr einem unberechenbaren Schicksal oder den Launen eines verborgenen Gottes ausgesetzt. Es war nun möglich, viele Abläufe auf der Erde und im Sternensystem mit einer bis dahin unbekannten Genauigkeit zu berechnen und zu erklären. Selbst für den Menschen, dieses seltsame Wesen, schien eine Gebrauchsanleitung zum Greifen nah. Er wurde zu einem Rädchen im großen Uhrwerk. Oder wie es der Arzt und Philosoph La Mettrie (1709–1751) formulierte: »Der Mensch ist eine Maschine«. Und so wird er bis heute auch oft noch behandelt.

In relativ kurzer Zeit gelang es der Wissenschaft, die Welt weitgehend zu entzaubern. Ein Rätsel nach dem anderen konnte gelöst werden. Und Gott, der bis dahin manche Lücke der Erkenntnis gefüllt hatte, wurde zunehmend überflüssig. Man brauchte ihn nicht mehr, um die Welt erklären zu können. Der französische Mathematiker und Astronom Pierre Simon de Laplace (1749–1827) entwarf auf Newtons Grundlagen eine umfangreiche Himmelsmechanik, die sämtliche Vorgänge im Universum nach dem Modell einer Maschine beschreibt. Als er sein Werk Kaiser Napoleon vorstellte, fragte dieser: »Wo bleibt denn da Gott?« Laplace antwortete: »Majestät, diese Hypothese benötige ich nicht.«

Newtons Modell hat entscheidend zum Aufschwung von Wissenschaft und Technik beigetragen. Die von ihm entdeckten Gesetzmäßigkeiten beherrschen die physische Welt, wie wir sie im Alltag erleben. Sie erlauben es, Wirkungen vorherzusagen und von einem Ereignis auf seine Ursache zu schließen. Das Denken in den Kategorien von Ursache und Wirkung ordnet die Welt und verspricht Sicherheit. Doch diese Sicherheit ist trügerisch. So genial Newtons Modell auch ist, so gut es sich in mancher Hinsicht auch bewährt – es hat seine Grenzen. Heute wissen wir: Die mechanische Erklärung greift zu kurz. Sie vermag nur einen Ausschnitt der Wirklichkeit zu erfassen. Aber die Welt ist größer. Je näher wir sie betrachten, umso vielschichtiger und komplexer erscheint sie – und umso mehr Fragen stellen sich, welche mit dem Maschinenmodell nicht mehr beantwortet werden können.

Newton selber muss das geahnt haben. Er vergleicht sich einmal mit einem kleinen Jungen, der am Strand mit ein paar Steinen spielt, während das große Meer der Wahrheit völlig unentdeckt vor ihm liegt. Kein Mensch werde dieses Meer je erfassen können, weil es sich ins Unermessliche ausdehne, meint Newton und fügt hinzu: »Jeder Triumph des Wissens schließt hundert Bekenntnisse des Nichtwissens in sich ein.«

Und so ist es: Ein paar Steine haben wir in der Hand. Das große Meer aber nicht. Die Steine sind nicht die ganze Wirklichkeit, sondern nur ein kleiner Ausschnitt. Vom Meer ans Land gespült, können wir sie aufheben und betrachten. Doch dann gehören sie wieder den Wellen, die sie zurücktragen in dieses große, unbekannte Meer.

Auf den Punkt gebracht:

- *In mancher Hinsicht gleicht die Welt einer Maschine.*
- *Das Maschinenbild prägt unser Denken.*
- *Aber es ist irreführend, denn die Welt ist keine Maschine.*

17
Spiele der Natur

Newtons Beschreibung der Welt funktionierte gut. Mit dem mechanischen Modell, das immer weiter verfeinert wurde, ließ sich fast alles erklären. Gegen Ende des 19. Jahrhunderts blieben kaum noch offene Fragen. Bis auf ein paar Details schien alles klar. Doch dann setzte ein wissenschaftliches Erdbeben ein, das die Physik bis in ihre Grundfesten erschüttert hat. Ausgelöst wurde es durch die Erforschung der allerkleinsten Bausteine dieser Welt.

Als die Physiker nach der Jahrhundertwende in den Mikrokosmos der Atome vordrangen, stießen sie auf Phänomene, die mit der klassischen Physik nicht mehr zu vereinbaren waren. Sie entdeckten, dass die Mikrowelt nicht eine Minikopie der Alltagswelt ist, sondern ganz andere Muster aufweist. Froh machte diese Entdeckung sie nicht, ganz im Gegenteil: Sie erschraken und waren zutiefst verunsichert. Sie verstanden auf einmal die Welt nicht mehr.

Die klassische Mechanik geht davon aus, dass alles aus festen Teilen und Teilchen aufgebaut ist. Nun zeigte sich, dass dies im Innersten der Materie nicht mehr zutrifft. Die kleinsten Teilchen sind nichts Festes, sondern instabile Erscheinungen in einem Kraftfeld von Beziehungen. Es ist nicht einmal immer klar, ob sie überhaupt existieren – und wenn ja in welcher Form.

Auch beobachteten die Forscher eine seltsame Unbeständigkeit. Die klassische Physik hatte noch angenommen, dass die Welt im Fluss ist und sämtliche Vorgänge in der Natur kontinuierlich verlaufen. Doch nun zeigte sich, dass dies in den submikroskopischen Dimensionen nicht mehr gilt. Wenn ein Atom Energie aufnimmt oder abgibt, geschieht dies in winzigen Paketen, den sogenannten Quanten. Dabei wechselt das Elektron im Inneren des Atoms augenblicklich seine Bahn (Energiestufe). Es springt von einer Bahn auf eine andere – und zwar ohne den Raum dazwischen zu durchqueren! Ein solcher *Quantensprung* führt übergangslos von hier nach dort. Dazwischen klafft eine Lücke.

Pionieren der Quantentheorie wie Max Planck hat diese Unstetigkeit zu schaffen gemacht. Er hat um die Jahrhundertwende nach einer festen Ordnung in der Physik gesucht – und feststellen müssen, dass es sie nicht gibt. Planck wurde zum Revolutionär wider Willen. Er und seine Kollegen wurden zu Einsichten gezwungen, die ihnen zutiefst widerstrebten.

Dass Naturprozesse nicht immer kontinuierlich verlaufen, ist das eine. Das andere ist die Entdeckung des Zufalls. In der klassischen Physik hat jedes Ereignis seine Ursache. Auf der Quantenebene trifft dies nicht mehr zu. Subatomare Teilchen bewegen sich auch ohne Ursache, so dass nie eindeutig feststeht, was passiert und wann es passiert. Das Spiel der Natur folgt nicht immer festen Regeln. Der Zufall mischt mit. Auf der subatomaren Ebene erweist sich die Zufälligkeit sogar als grundlegende Eigenschaft der Natur. Über Quantsysteme können deshalb keine klaren Aussagen gemacht werden.

Damit bleibt eine Ungewissheit, die nicht beseitigt werden kann. Sie gehört zum Wesen der Natur. Das mag für die Wissenschaftler frustrierend sein, hat aber auf unser Leben übertragen auch seine gute Seite: Eine Welt, die wie eine Maschine allein festen Gesetzmäßigkeiten folgen würde, wäre eine unwohnliche Welt. Man muss nur das schicksalgeprüfte Leben des Quantenpioniers Planck betrachten, um die Konsequenzen ermessen zu können: Er verlor früh seine Frau, ein Sohn fiel im Ersten Weltkrieg, die beiden Töchter starben nacheinander im Kindbett, sein zweiter Sohn wurde von den Nazis hingerichtet, und schließlich wurde sein Haus bei einem Bombenangriff während des Zweiten Weltkrieges vollständig zerstört. Musste es so passieren? Steckt ein Gesetz dahinter? Oder ist es Zufall?

Wenn wir annehmen, dass hier ein Gesetz im Spiel war, dann hätten wir immerhin eine Erklärung. Aber sie wäre schrecklich. Ein solch unbarmherziges Gesetz würde wie ein Fluch auf der Menschheit lasten. Wer das nicht glauben mag, wird in aller Bescheidenheit sagen müssen: Wir wissen nicht, warum solch furchtbare Dinge passieren. Weil wir es nicht wissen und auch gar nicht wissen können, reden wir vom Zufall. Er befreit uns von der Tyrannei des Gesetzes.

Auch im Rückblick auf die eigene Lebensgeschichte ist leicht zu erkennen, dass manche Wendung durch einen Zufall herbeigeführt wurde. Wir meinen zwar, das Leben einigermaßen im Griff zu haben. Sobald wir aber genau hinschauen, stoßen wir auf eine Vielzahl von Faktoren, die wir in keiner Weise beeinflussen können. Nur eine kleine Veränderung in diesem ganzen Geflecht – und unser Leben sähe völlig anders aus. Es ist beinahe unheimlich festzustellen, wie oft an entscheidenden Stellen der Zufall mitgespielt hat. Aber es ist auch schön: Ohne das Spiel des Zufalls hätte zum Beispiel ich meine Frau nie kennengelernt und auch dieses Buch nie geschrieben.

Auf den Punkt gebracht:

- *Die Natur lässt sich nicht allein mit Gesetzen erklären.*
- *Der Zufall spielt mit und setzt der Berechenbarkeit Grenzen.*
- *Auch unser eigener Lebensweg wird vom Zufall beeinflusst.*

18
Wenn Gott würfelt

Der Lauf der Welt ist nicht festgelegt. Die Wirklichkeit gestaltet sich in jedem Augenblick neu. Dabei sind immer wieder Überraschungen möglich. Kein eisernes Gesetz regiert die Welt, sondern das Wechselspiel von Zufall und Notwendigkeit. Es ist, wie das Wort sagt, ein Spiel. Sein Ausgang bleibt offen.

Diese Offenheit ist ebenso befreiend wie beunruhigend. Unser Gehirn ist darauf programmiert, Muster und Strukturen zu erkennen. Wo dies nicht möglich ist, fühlen wir uns nicht sicher. Auch Einstein stand vor diesem Problem. Er hat entscheidend zur Quantentheorie beigetragen (und dafür auch den Nobelpreis erhalten), weigerte sich aber hartnäckig, die Macht des Zufalls anzuerkennen. Mit den Ungewissheiten der Quantenwelt konnte er sich nicht abfinden. Es war für ihn schlicht unvorstellbar, dass Naturvorgänge uneindeutig und zufällig sein könnten, denn, so sein berühmter Satz, »Gott würfelt nicht«.

Einstein befürchtete, den Boden unter den Füßen zu verlieren. Und so hielt er an der Vorstellung einer klar geordneten Welt fest. In der Harmonie der Naturgesetze spiegelte sich für ihn eine überlegene göttliche Vernunft. Entschieden verteidigte er den Grundsatz der klassischen Physik, dass Naturvorgänge berechenbar sind und exakten Gesetzmäßigkeiten unterliegen. Allerdings stand er damit auf verlorenem Posten. Sein Irrtum kostete ihn viele Forschungsjahre – die Tragik eines Genies, das nicht von lieb gewordenen Vorstellungen lassen konnte.

Ähnlich wie damals Einstein denkt heute der Dalai Lama (* 1935): Auch für ihn kann oder darf es den Zufall nicht geben. Wie kaum ein anderer Religionsführer interessiert er sich für die modernen Wissenschaften. Aber in einem Punkt widerspricht er den Forschern: Er schließt aus, dass Dinge zufällig geschehen. Nach buddhistischer Lehre folgt die ganze Wirklichkeit dem Prinzip von Ursache und Wirkung. Für den Zufall bleibt kein Platz. Wenn die Physiker etwas anderes behaupten, dann haben sie nicht genau hingeschaut, meint der Dalai Lama.

Der Streit um den Zufall bleibt letztlich eine Glaubensfrage. Man kann hinter jedem Zufall noch eine verborgene Gesetzmäßigkeit vermuten. Die meisten Wissenschaftler sind allerdings der Ansicht, dass der Zufall echt ist und nicht bloß Ausdruck unseres Unwissens. Er zeigt sich im subatomaren Mikrokosmos ebenso wie in der Entwicklung des Universums und in der Evolution des Lebens. Der Zufall ist Teil der Natur, zusammen mit seiner Gegenspielerin, der Notwendigkeit. Herr Zufall und Frau Notwendigkeit bilden ein Paar, wenn auch ein ziemlich widerspenstiges. Und für uns Menschen ist nicht immer klar, was Zufall ist und was Notwendigkeit.

Der Zufall öffnet die Welt auf das Unbekannte und Überraschende hin. Und er ermöglicht unsere Freiheit. Würde allein die Notwendigkeit regieren, dann wäre alles bereits festgelegt. Die ganze Welt würde von unerschütterlichen Gesetzmäßigkeiten regiert, und wir wären bloß noch kleine Rädchen in einer großen Maschine. Jeder Gedanke, der Ihnen durch den Kopf geht, wäre eine zwingende Notwendigkeit. Und wenn Sie sich jetzt leicht bewegen, würden Sie bloß ausführen, was das Gesetz von Ihnen verlangt. Mit anderen Worten: Sie wären ein Roboter.

Wir sind aber Menschen aus Fleisch und Blut. Unsere Freiheit baut zwar auch auf Gesetzen auf (sonst würde das pure Chaos herrschen), sie braucht aber die Unvorhersehbarkeit des Zufalls. Nur im Wechselspiel von Zufall und Notwendigkeit kann sie sich entfalten.

Diese Freiheit hat ihren Preis: Die Unsicherheit. Vielen erscheint dieser Preis zu hoch. Mit dem Versprechen von Sicherheit lassen sich zum Beispiel leicht Wählerstimmen gewinnen und Versicherungen verkaufen. Doch eine absolute Sicherheit kann es nie geben, und das ist auch gut so. Sie wäre tödlich und würde den totalen Stillstand bedeuten. Es gäbe keine Entwicklung mehr, keine Kreativität – und auch kein Glück. Das Glück lebt von der Überraschung und der Spontaneität. Wo alles bereits feststeht, weicht es schnell der Langeweile.

Oft wird der Zufall mit Sinnlosigkeit gleichgesetzt. Das ist falsch. Zufall ist einfach Zufall, nicht mehr und nicht weniger. Aber wir haben immer die Möglichkeit, einem zufälligen Ereignis einen Sinn zu verleihen. Dieser Sinn liegt nicht im Zufall selbst – wir legen ihn hinein. Und indem wir das tun, wachsen wir über das Zufällige unserer Existenz hinaus. Dann anerkennen wir zwar die Macht des Zufalls, ahnen aber auch, dass wir mehr sind als bloß Zufallsprodukte.

Auf den Punkt gebracht:

- *Der Zufall befreit von der Tyrannei des Gesetzes.*
- *Die Natur entfaltet sich im Wechselspiel von Zufall und Notwendigkeit.*
- *Wir können dem Zufall einen Sinn verleihen.*

19
Ein Reigen von Möglichkeiten

Um zu entdecken, dass die Welt nicht allein mechanischen Gesetzmäßigkeiten unterliegt, genügt ein Blick zum Himmel:

Das Wetter hat seine Launen und lässt sich auch mit den besten Instrumenten und den sorgfältigsten Berechnungen nicht exakt vorhersagen. Vielleicht reden wir auch deshalb so viel vom Wetter, weil es in unserem geregelten Alltag immer wieder für Überraschungen sorgt.

Nur wo die Ausgangsbedingungen einer Situation vollständig bekannt sind, kann nach dem Prinzip von Ursache und Wirkung der weitere Verlauf präzise berechnet werden. Beim Wetter ist dies nicht möglich, weil es ein zu komplexes System darstellt. Ähnliches gilt etwa auch für die Flugbahn eines Blattes, das vom Baum fällt. Sie ist vielen zufälligen Einflüssen ausgesetzt, und das Blatt trudelt, wie es ihm gerade passt. In beiden Fällen müssen wir uns mit Wahrscheinlichkeitsaussagen begnügen. Immerhin besteht theoretisch noch die Möglichkeit, dass wir die Sache in den Griff bekämen, wenn wir alle relevanten Faktoren kennen und in unsere Berechnungen einbeziehen könnten.

Im Mikrokosmos ist dies grundsätzlich nicht möglich. Die Quantenwelt erscheint als dynamisches Gewebe von Beziehungen, das sich dauernd verändert, ohne dabei einer bestimmten Logik zu folgen. Ereignisse können deshalb nicht genau vorhergesagt werden. An die Stelle der Notwendigkeit (»so muss es sein«) tritt die Möglichkeit (»so könnte es sein«). An die Stelle der Gewissheit (»so ist es«) tritt die statistische Wahrscheinlichkeit (»mit einer Wahrscheinlichkeit von soundsoviel Prozent ist es so«). Diese Ungewissheit hat nichts damit zu tun, dass die Theorien und Messinstrumente ungenügend wären – sie gehört zur Natur des Allerkleinsten. Je näher man die Materie betrachtet, umso verschwommener erscheint sie.

Werner Heisenberg (1901–1976), einer der großen Quantenphysiker des 20. Jahrhunderts, spricht von einer prinzipiellen *Unbestimmtheit*. Auch mit den besten Messgeräten ist im Innersten der Materie kein klar abgegrenztes Objekt mehr auszumachen, keine Materie im herkömmlichen Sinn, kein Ding, das wir greifen und begreifen könnten. Wer die Quantenwelt betrachtet, blickt »eher in eine Welt von Tendenzen oder Möglichkeiten als in eine von Dingen und Tatsachen« (Heisenberg).

Aus dieser physikalischen Tatsache ergibt sich eine bemerkenswerte Schlussfolgerung: Die Welt ist nicht eindeutig festgelegt. Und auch der Mensch (dessen Körperchemie ebenfalls Quantenprozessen unterliegt) ist es nicht. Während Psychologie und Hirnforschung unter dem Einfluss der klassischen Physik lange davon ausgegangen sind, dass Prägungen, Gene und Neuronen unser Verhalten bestimmen, legt die Quantenphysik ein neues Verständnis nahe: Wir sind nicht die Sklaven starrer Mechanismen, sondern relativ frei.

Die Freiheit gilt nicht absolut, weil nicht alles möglich ist. Sie können noch so hoch in die Luft springen und mit den Armen wedeln – aus eigener Kraft werden Sie trotzdem nie davonfliegen. Dafür ist der Mensch nicht geschaffen. Auch viele andere Dinge wie Körpergröße, Nasenform und Hautfarbe stehen fest. Der Rahmen ist also gesetzt. Aber innerhalb des Rahmens herrscht die Unbestimmtheit, und es steht nicht im vornherein fest, wie wir uns entwickeln werden. Da spielen unzählige Faktoren auf eine kaum zu berechnende Weise mit.

Oft haben wir auch die Möglichkeit, zu wählen. Natürlich hat unsere Lebensgeschichte uns geprägt. Doch wir können zu dieser Prägung Abstand gewinnen, neue Denkwege und Verhaltensweisen erproben. Einfach ist das nicht. Je älter man wird, umso deutlicher zeigt sich, wie stark Prägungen uns formen. Mit zunehmender Bewusstheit verlieren sie aber an Kraft. Sie haben uns weniger im Griff. Und wir ahnen, dass wir im Innersten nicht eindeutig festgelegt sind – sondern frei.

Diese Entdeckung ist fast so schön wie das Fliegen.

~

Auf den Punkt gebracht:

- *Die Teilchenwelt ist eine ungewisse Welt.*
- *An die Stelle der Notwendigkeit treten Möglichkeiten.*
- *Auch im Menschen ist nicht alles vorherbestimmt.*

~

20
Lob der Unbestimmtheit

Während Jahrhunderten ist die Wissenschaft davon ausgegangen, dass im Prinzip alles in der Natur messbar ist. Und dass es für jede Erkenntnis eine logische Erklärung geben muss. Spätestens seit Heisenbergs Unbestimmtheitsprinzip ist diese Zuversicht verflogen. Im Zwielicht der Quantenwelt gibt es viele Möglichkeiten, aber nur wenige Gewissheiten. Etliche Phänomene erscheinen uneindeutig und entgleiten uns wie ein nasses Stück Seife.

Das heißt: Wir können uns der Wirklichkeit dieser Welt zwar annähern, vermögen sie aber nie ganz zu erfassen. Alles, was über sie gesagt werden kann, steht unter dem Vorbehalt des Vorläufigen. Die eigentliche Wirklichkeit bleibt verborgen. Wie ein Schleier legt sich die Unbestimmtheit über das Innerste der Welt.

Auch die Sprache stößt an Grenzen, weil Quantenphänomene kaum in Worte zu fassen sind. Der Versuch, sie in die Alltagssprache zu übersetzen, führt im besten Fall zu Verzerrungen, im schlimmsten zu Fehlinterpretationen. Die subatomare Wirklichkeit lässt sich nur in der hoch abstrakten Sprache der Mathematik einigermaßen darstellen. Alles, was noch darüber hinaus gesagt wird, trifft die Sache nicht oder nur am Rande.

Nicht alles ist sagbar. Das zeigt ja auch die eigene Erfahrung. Für Erlebnisse, die uns tief berühren, wie Liebe, Schmerz oder Glück, fehlen uns oft die Worte. Wir können sie kaum angemessen zur Sprache bringen, weil etwas Unsagbares sie umgibt. Es ist auch gut, diese

Grenze zu respektieren. Sie bewahrt das Erlebte vor dem Zerreden und der Banalisierung. In einem seiner Tagebücher bemerkt Max Frisch (1911–1991): »Unser Anliegen, das eigentliche, lässt sich bestenfalls umschreiben, und das heißt ganz wörtlich: man schreibt darum herum … Man gibt Aussagen, die nie unser eigentliches Erlebnis enthalten, das unsagbar bleibt … Die Sprache ist wie ein Meißel, der alles weghaut, was nicht Geheimnis ist.«

Ob es um Quanten oder menschliche Grunderfahrungen geht – der Meißel erlaubt nur eine indirekte Annäherung: Ein Reden in Bildern, Gleichnissen und Paradoxa. Die Worte deuten das Gemeinte an, ohne es je erfassen zu können. In der Mystik wird auch über das Geheimnis dieser Welt geredet, indem alles Sagbare verneint wird: Es ist nicht dies und nicht das. Und was dann am Schluss, wenn der Meißel weggelegt wird, noch übrig bleibt: Das ist es!

Es ist bemerkenswert, dass die Wissenschaft, die mit immer präziseren Methoden und Instrumenten die Natur analysiert, zu einer ähnlichen Erkenntnis gelangt wie die Liebenden, die Künstler und die Mystiker: Das Wesentliche lässt sich nicht auf den Begriff bringen, weil es nicht begreifbar ist.

Die Unbestimmtheit lässt Raum für das Unbegreifbare, das oft auch das Wunderbare ist. Künstler wie der Dichter Rainer Maria Rilke (1875–1926) suchen diesen offenen Raum, wo kaum etwas festgelegt, aber vieles möglich ist. Rilke fürchtete sich geradezu »vor der Menschen Wort«, das die Dinge fixiert und ihnen damit ihren Zauber raubt.

»Ich fürchte mich so vor der Menschen Wort.
Sie sprechen alles so deutlich aus:

Und dieses heißt Hund und jenes heißt Haus,
und hier ist Beginn und das Ende ist dort.

Mich bangt auch ihr Sinn, ihr Spiel mit dem Spott,
sie wissen alles, was wird und war;
kein Berg ist ihnen mehr wunderbar;
ihr Garten und Gut grenzt grade an Gott.

Ich will immer warnen und wehren: Bleibt fern.
Die Dinge singen hör ich so gern.
Ihr rührt sie an: sie sind starr und stumm.
Ihr bringt mir alle die Dinge um.«

Rilke schrieb dieses Gedicht 1898, zu einer Zeit, als die
meisten Wissenschaftler überzeugt waren, mit ihrem
mechanischen Modell die Welt bald vollständig im Griff
zu haben. Ein paar Jahre später kam die Quantenphysik
und nichts war mehr klar.

Rilke hätte sich wohl darüber gefreut.

Auf den Punkt gebracht:

- *Mit Worten ist das Innerste der Welt nicht zu erfassen.*
- *Das Wesentliche lässt sich nicht auf den Begriff brin-
  gen.*
- *In der Unbestimmtheit treffen sich Wissenschaft und
  Spiritualität.*

21
Bildhauer im Quantenkosmos

W enn ein Bildhauer vor einem Marmorblock steht, sieht er nicht nur den Stein, sondern auch die Möglichkeiten, die in ihm verborgen sind. Eine davon wird er verwirklichen. Er arbeitet mit der Unbestimmtheit. Sie schenkt ihm die Freiheit der Gestaltung.

Auch im Atom sind Möglichkeiten verborgen. Ein subatomares Teilchen existiert vorerst nur als unbestimmtes Etwas. Es hat weder einen bestimmten Aufenthaltsort noch eine bestimmte Geschwindigkeit. Erst durch den Eingriff des Forschers wird es in einen eindeutigen Zustand versetzt. Die Messung verwandelt etwas Verschwommenes in exakte Daten. Doch zugleich wird die atomare Realität damit auch verändert. Die Fragestellung, die Versuchsanordnung und das Messinstrument (ein Lichtstrahl mit seiner Energie) beeinflussen das Ergebnis auf eine unkontrollierbare Weise.

Es ist nicht möglich, eine von uns unabhängige Wirklichkeit zu beschreiben. Wer die Quantenwelt beobachtet, verändert sie. Wir sind nie bloß Beobachtende, sondern immer auch Teilnehmende. Wir lesen nicht nur im Buch der Natur, wir schreiben auch daran mit.

Das bedeutet einen Bruch mit dem Prinzip der Objektivität, wie es die klassische Naturwissenschaft postuliert hat. Sie hat eine klare Trennlinie gezogen zwischen dem Beobachter und dem Beobachtungsgegenstand. Das scheint auch naheliegend, schließlich verändert sich etwa ein Tisch nicht allein dadurch, dass wir ihn betrachten.

In der Quantenwelt verhält es sich anders: Hier verändert jede Beobachtung das beobachtete Objekt. Ein Atom ist kein Ding wie ein Tisch, sondern ein seltsam unbestimmtes Gebilde. Wenn wir sein Innenleben erforschen, begegnen wir keiner objektiv realen Welt, sondern einer ungewissen Welt der Möglichkeiten, die unseren Fragen und Messmethoden ausgesetzt ist. *Was* wir sehen, hängt wesentlich davon ab, *wie* wir sehen. »Gegenstand der Forschung ist nicht mehr die Natur an sich, sondern die der menschlichen Fragestellung ausgesetzte Natur«, schreibt Heisenberg, »und insofern begegnet der Mensch hier wieder sich selbst«.

Das Naturbild der exakten Wissenschaften ist für Heisenberg nicht mehr ein »Bild der Natur«, sondern ein »Bild unserer Beziehung zur Natur«, und er kommt zum Schluss: »Die Wirklichkeit, von der wir sprechen können, ist nie die Wirklichkeit an sich, sondern eine von uns gestaltete Wirklichkeit.« Das aber heißt: Wir können nicht wissen, was ein Teilchen tut, wenn wir es nicht beobachten – und ob es überhaupt existiert. Kurz: Die wahre, vom Menschen unberührte Natur der atomaren Realität kennen wir nicht.

Aber, kleine Zwischenfrage, kennen wir denn die wahre Natur unserer persönlichen Realität? Oder meinen wir nur, sie zu kennen? Die Erfahrung zeigt, wie unzureichend, einseitig und falsch die Bilder und Begriffe sein können, auf die wir uns und andere festlegen. Wer sich einigermaßen kennenlernt, weiß, wie wenig er oder sie letztlich über sich weiß. Wir sind jedenfalls nicht identisch mit den Vorstellungen, die wir von uns haben. Der Logiker Gottlob Frege (1848–1925) sagt es kurz und klar: »Ich habe eine Vorstellung von mir, aber ich bin nicht diese Vorstellung.« Ein Satz, den man sich gut merken sollte. Er lässt sich ausweiten: Ich habe eine Vorstellung von dir, aber du bist nicht diese Vorstellung. Ich habe eine Vorstellung von der Welt, aber die Welt ist nicht diese Vorstellung. Und: Ich habe eine Vorstellung von Gott, aber Gott ist nicht diese Vorstellung.

Gegen Vorstellungen ist nichts einzuwenden. Wir brauchen sie. Aber wir dürfen sie nicht mit der Wirklichkeit verwechseln. Wir kennen unsere Vorstellung von der Wirklichkeit. Die Wirklichkeit an sich kennen wir nicht. Deshalb ist es gut, nur sehr leise darüber zu reden. Und immer mit einem großen Fragezeichen am Schluss. »Ist Wirklichkeit nicht immer das Ungeformte?«, fragt der indische Philosoph Jiddu Krishnamurti (1895–1986): »Muss nicht der Geist aufhören zu erschaffen und sich auszudrücken, bevor er das Ungeformte erfahren kann?«

Auf den Punkt gebracht:

- *Wir lesen nicht nur im Buch der Natur – wir schreiben auch daran mit.*
- *Was wir sehen, hängt davon ab, wie wir sehen.*
- *Die Wirklichkeit an sich kennen wir nicht.*

22
Der Widerspruch in allen Dingen

Als der dänische Physik-Nobelpreisträger Niels Bohr (1885–1962) einmal in der bayerischen Almhütte seines Freundes Heisenberg den abendlichen Abwasch gemacht hatte, betrachtete er nachdenklich das saubere Geschirr und wunderte sich: »Dass man mit schmutzigem Wasser und einem schmutzigen Tuch schmutzige Gläser sauber machen kann – wenn man das einem Philosophen sagen würde, er würde es nicht glauben.« Diese Küchenphilosophie illustriert das Dilemma der Quantenphysiker, die mit unscharfen Begriffen arbeiten müssen, um den Dingen auf den Grund zu gehen und eine möglichst klare Erkenntnis zu gewinnen.

So führt im Mikrokosmos kein Weg an der Unbestimmtheit vorbei. Heisenberg charakterisiert mit dem Unbestimmtheitsprinzip (auch *Unschärferelation* genannt) eine Wirklichkeit, die nicht nur unbestimmbar, sondern grundsätzlich unbestimmt ist. Im engeren Sinn besagt seine Theorie, dass Ort und Bewegung eines Teilchens nicht gleichzeitig bestimmt werden können. Kennt man das eine, verschwimmt das andere. Diese Unbestimmtheit hat nichts mit der Ungenauigkeit der Messinstrumente zu tun, sie liegt in der Natur des Teilchens selber. In ihm überlagern sich verschiedene Zustände. Erst durch den Messvorgang kristallisiert sich aus einer Möglichkeit eine Wirklichkeit.

Ein klassisches Vexierbild verdeutlicht das Dilemma. Wer es betrachtet, sieht entweder einen weißen Kelch oder zwei schwarze Gesichter – aber nie beides zusammen.

So oft Sie auch hin- und herwechseln, Sie sehen immer entweder das eine oder das andere. Das Bild ändert sich dabei nicht. Was sich ändert, ist Ihre Sichtweise. Das Bild enthält beide Möglichkeiten. Erst durch Sie wird eine davon Wirklichkeit.

So doppeldeutig (aber wesentlich schwieriger zu erfassen) ist auch das Elektron, das sich in einer undefinierbaren Wolke um den Kern des Atoms bewegt. Je nachdem, wie man es untersucht, zeigt es sich entweder als Teilchen oder als Welle, beide Möglichkeiten sind vorhanden. Fragen wir, wo es sich befindet, dann fixieren wir es an einem bestimmten Ort und es erscheint als Teilchen. Fragen wir, wie es sich bewegt, dann zeigt es sich als Welle, die sich im Raum ausbreitet. Die Wirklichkeit von Teilchen oder Welle entsteht erst durch unsere Art der Beobachtung.

Das Elektron weist dieselbe Doppelnatur auf wie das Licht. Fs ist nie eindeutig zu fassen, zeigt sich entweder als Teilchen oder als Welle. Auf der subatomaren Ebene kann alle Materie als ausgebreitete Welle oder als Ansammlung von punktförmigen Teilchen beschrieben werden.

Sogar der Stuhl, auf dem ich jetzt sitze, ist ein solch unbestimmtes Quantenobjekt. Da ist es schon fast ein Wunder, dass ich mich auf ihm niederlassen kann und er mich trotz seiner Unbestimmtheit bestimmt nicht fallen lässt. Wenn er sich nach außen so stabil gibt, warum kann er sich im Innersten denn nicht für eine eindeutige Daseinsweise entscheiden?

Der Stuhl würde antworten: »Das ist meine Natur. Und deine übrigens auch.« Der Stuhl, mein Meister! Er hat recht. Auch mir fehlt es oft an Eindeutigkeit. Ich wüsste nie klar zu sagen, wer ich bin. Wie das Elektron bin ich mal so und dann wieder ganz anders. Ich habe gute Seiten und schlechte, kann liebevoll sein oder böse, bin manchmal stark und manchmal schwach. Alle Versuche, mich zu mehr Eindeutigkeit in die von mir als gut empfundene Richtung zu bewegen, sind mehr oder weniger gescheitert. Offensichtlich werde ich die eigene Widersprüchlichkeit nicht los.

Die gute Nachricht lautet jetzt: Wenn der Widerspruch im Innersten der Welt steckt, dann muss uns die eigene Widersprüchlichkeit nicht allzu sehr betrüben. Sie gehört zu unserer Natur. Wir können uns zwar immer wieder in Richtung Eindeutigkeit bewegen, doch ganz schaffen werden wir das nie. Hauptsache, die eigenen Widersprüche sind uns bewusst. Wer sie kennt, wird vorsichtig mit Urteilen über andere. Das Prinzip der Unbestimmtheit legt es ohnehin nahe, sich nicht allzu schnell auf ein bestimmtes Urteil festzulegen (»So ist es«), sondern die Möglichkeit offen zu lassen, dass es auch ganz anders sein könnte.

Das schnurgerade logische Denken, das auf Eindeutigkeit setzt, kann im Alltag hilfreich sein. Wo es aber absolut gesetzt wird, entartet es zur Tyrannei. Der Widerspruch dagegen weckt Leben und fördert die Kreativität.

»Man bleibt jung, solange man einen Widerspruch ertragen kann«, heißt es bei Marie von Ebner-Eschenbach (1830–1916). Schon deshalb ist das Paradox weniger zu fürchten als vielmehr zu feiern. Eine Welt ohne Widersprüche wäre eine arme Welt. Und wir würden schneller altern.

Seit meinem kleinen Dialog mit dem Stuhl weiß ich übrigens zu schätzen, dass er mich ganz selbstverständlich trägt. So selbstverständlich ist das angesichts seines merkwürdigen Innenlebens nämlich nicht.

Auf den Punkt gebracht:

- *Manchmal führen nur unklare Begriffe zu mehr Klarheit.*
- *Materie erscheint paradox, als Teilchen und als Welle.*
- *Widersprüche gehören zur Natur – auch zu unserer.*

23
Jenseits der Gegensätze

Die Quantenwelt ist anders. Sie entzieht sich den Alltagsvorstellungen. Sie provoziert den gesunden Menschenverstand. Und sie ist paradox. Der Duden definiert das Paradox als »scheinbar falsche Aussage, die auf eine höhere Wahrheit hinweist«. Die höhere Wahrheit könnte darin bestehen, dass sich im Paradox zwei verschiedene Aspekte eines Ganzen zeigen.

Das Stichwort dafür heißt *Komplementarität*. Es wurde von Niels Bohr in die Physik eingeführt. Komplementarität bedeutet, dass Gegensätze sich nicht ausschließen müssen, sondern ergänzen können. An die Stelle des trennenden Entweder-Oder tritt ein verbindendes Sowohl-Als auch: Die Einheit im Widerspruch.

Das klassische Prinzip des Entweder-Oder geht auf die dualistische Logik von Aristoteles zurück, die unser Denken maßgebend geprägt hat: Entweder gilt dieses oder jenes. Beides ist nicht möglich. Wenn das eine richtig ist, dann ist das andere mit Notwendigkeit falsch. Eine Aussage kann nicht gleichzeitig wahr und nicht wahr sein. Die Wahrheit duldet keinen Widerspruch, sie muss eindeutig sein.

Bohr sieht es anders. Der Widerspruch schließt die Wahrheit nicht aus – im Gegenteil: Große Wahrheiten verkleiden sich gerne im Paradox. Und so kommt Bohr zur Feststellung: »Es gibt triviale Wahrheiten und große Wahrheiten. Das Gegenteil einer trivialen Wahrheit ist einfach falsch. Das Gegenteil einer großen Wahrheit ist auch wahr.« Komplementarität baut Brücken.

Viele Weisheitsschriften der Menschheit enthalten Paradoxa. Wesentliches lässt sich oft nur im Widerspruch formulieren. Mystikerinnen, Philosophen und Zen-Meister spielen damit. Auch die biblischen Bücher enthalten Widersprüche, was auf dem Hintergrund von Bohrs Philosophie nicht gegen, sondern für sie spricht.

Die Aufspaltung in ein Entweder-Oder ist auch dem Menschen nicht angemessen. Wir sind nie nur gut oder nur schlecht, nur stark oder nur schwach, sondern immer eine Mischung von beidem. Das erzeugt eine Spannung. Sich in diese Spannung hinein immer wieder zu entspannen bleibt eine dauernde Übung. Sie erfordert ein gewisses Vertrauen in eine größere Wahrheit, jenseits von Entweder-Oder.

Auch die Alltagserfahrung zeigt, dass Gegensätze sich nicht ausschließen müssen, sondern zwei Seiten derselben Wirklichkeit sein können: Aus Bösem kann Gutes entstehen und aus Gutem Böses. Im Leiden lernen Menschen manchmal eine tiefe Freude kennen. Wer aber eine Freude für immer festhalten will, wird leiden. Und mit dem Geborenwerden beginnt das Sterben, der Tod ist mitten im Leben gegenwärtig.

Der spätmittelalterliche Gelehrte Nicolaus Cusanus (1401–1464) hat eine Philosophie vom *Zusammenfall der Gegensätze* entworfen. Er geht davon aus, dass alle Gegensätze letztlich in einer Einheit zusammenfinden. Cusanus zeigt es an einem Beispiel aus der Geometrie: Kreis und Gerade sind Gegensätze. Wird ein Kreis aber ins Unendliche erweitert, verflacht die Krümmung, sodass er sich immer mehr einer Geraden angleicht – ohne dabei seine Identität als Kreis zu verlieren. Kreis und Gerade fallen im Unendlichen zusammen. Nach Cusanus läuft das Viele immer auf das Eine zu. Das absolut Eine aber ist Gott. Von ihm lässt sich nichts mehr sagen – oder nur noch Paradoxes: Gott ist – und ist nicht.

Das Prinzip der Komplementarität erweitert die Wahrnehmung, indem es unterschiedliche Sichtweisen zulässt und verbindet. Überall da, wo verschiedene Meinungen aufeinanderprallen, kann Komplementarität der Verständigung und dem Frieden dienen. Bohr meint, dass die physikalische Forschung letztlich zur Erkenntnis einer tiefen Harmonie führe, die wir zwar nie erfassen, aber zumindest ahnen können.

Die Denkweise der neuen Physik erweist sich als eigentliches Friedenskonzept. Wenn nicht nur die praktischen Anwendungen der Quantentheorie, sondern auch deren philosophische Einsichten zur Kenntnis genommen und konkret umgesetzt würden, sähe die Welt anders aus. Schon vor einem halben Jahrhundert klagte der Physik-Nobelpreisträger Max Born (1882–1970): »Die Welt, die so gern bereit ist, die Gaben der Physik als Mittel zur Massenvernichtung zu benutzen, täte besser daran, die Denkmethoden der Physik zu studieren, die zum Ausgleich von scheinbar unauflöslichen Widersprüchen und zur Versöhnung geführt haben.«

~

Auf den Punkt gebracht:

- *Was sich widerspricht, kann sich ergänzen.*
- *Große Wahrheiten sind oft paradox.*
- *Komplementarität ist ein Weg zum Frieden.*

~

Eines der ältesten Symbole der Nicht-Dualität oder Komplementarität ist das chinesische Yin-Yang-Symbol. Der Physiker Niels Bohr hat darauf Bezug genommen. Er malte es als ein Wappen auf und schrieb dazu den lateinischen Satz: »Contraria sunt Complementa« – »Gegensätze sind Ergänzungen«.

24
Wissenschaft und Weisheit

Schweigen ist auch für Wissenschaftler manchmal Gold. Hans-Peter Dürr (* 1929), Mitarbeiter und Nachfolger von Werner Heisenberg, berichtet von Gesprächen, bei denen die beiden Physiker einer wesentlichen Erkenntnis nahe waren. Dabei konnte es passieren, dass Heisenberg plötzlich unterbrach: »Halt, nicht weiterreden! Wir haben gerade etwas Wichtiges berührt. Wenn wir jetzt weitermachen, dann kommen wir nicht weiter, sondern wir vergewaltigen den Gedanken mit Vorstellungen, die wir vorher schon hatten. Jetzt werden wir zwei Wochen nicht mehr darüber reden.«

Es ist eine Tatsache, dass wir uns meist auf den gleichen, alt vertrauten gedanklichen Gleisen bewegen. So kommt es, dass viele Gedanken, die uns durch den Kopf ziehen, einfach Wiederholungen sind. Nach Einstein ist der gesunde Menschenverstand nichts als eine Sammlung von Vorurteilen.

Die Hirnforschung kann heute nachweisen, dass das Hirn jeden Eindruck filtert, bis er mit dem Vorwissen übereinstimmt und den bekannten gedanklichen Mustern entspricht. Das geschieht ganz automatisch. Deshalb braucht es ab und zu eine Unterbrechung: Stopp – nicht mehr weitermachen! Innehalten. Warten. Damit entsteht eine Lücke. Ein Zwischenraum des Nichtwissens. In ihm kann Neues reifen. Manchmal kommt es dabei auch zu einem überraschenden geistigen Quantensprung. Er kann das Denken in neue Bahnen lenken.

Mit dieser Offenheit nähert sich die Wissenschaft der

Kunst. Tatsächlich hat Einstein einmal bemerkt, ihm habe die Phantasie bei seinen Gedankengängen mehr geholfen als das viele Wissen. Er konnte noch träumen und staunen. Und er war ein eigentlicher Meister in der Kunst des Fragens: »Wichtig ist, dass man nicht aufhört zu fragen.«

Zur Kreativität gehört, dass nicht jede Frage gleich eine Antwort braucht. Oft ist es gut, sie offen zu halten. Raum zu lassen für das Neue, Unbekannte, Überraschende. Auch gibt es Fragen, die niemals beantwortet werden können, aber immer wieder neu gestellt werden müssen. Nach dem Philosophen Immanuel Kant zeichnet es die menschliche Vernunft geradezu aus, dass sie Fragen stellt, von denen sie weiß, dass es keine Antwort gibt.

Fragen, die grundsätzlich unbeantwortbar sind, verweisen auf ein Geheimnis. Für ein Rätsel gibt es im Prinzip immer eine Lösung, man muss nur lange genug danach suchen. Ein Geheimnis aber kennt keine Lösung. Ein Rätsel fordert unsern Verstand, ein Geheimnis lässt uns staunen.

Früher gab es mehr Geheimnisse. Seit der Aufklärung und den bahnbrechenden wissenschaftlichen Entdeckungen der vergangenen drei Jahrhunderte ist manch ein Geheimnis entzaubert und auf ein Rätsel reduziert worden, das ganz oder teilweise gelöst werden konnte. Das weckte einen beinahe euphorischen Fortschrittsoptimismus. Man glaubte, bald einmal die ganze Welt erklären zu können.

Heute ist davon wenig übrig geblieben. Das Wissen hat zwar enorm zugenommen – mit ihm aber auch die Zahl der offenen Fragen. »Nur wenige wissen, wie viel man wissen muss, um zu wissen, wie wenig man weiß«, schreibt Heisenberg. Das Geheimnis ist zurück.

Wer dem Geheimnis nahe ist, beginnt zu staunen. Als der Physik-Nobelpreisträger Steven Weinberg (* 1933), ein erklärter Atheist, einmal gefragt wurde, welche Gefühle er beim Nachdenken über die Natur habe, antwortete er: »Ein Empfinden von Schönheit, des Staunens und eines Mysteriums. Denn wie weit auch immer wir kommen werden auf der Suche nach einer letztgültigen Theorie, so werden wir doch nie erfahren, warum die Naturgesetze so sind, wie sie sind. Ein Geheimnis wird immer bleiben.«

Auf den Punkt gebracht:

- *Manchmal führt nur das Schweigen zu neuen Erkenntnissen.*
- *Für ein Rätsel gibt es im Prinzip eine Lösung.*
- *Für ein Geheimnis gibt es keine Lösung – nur das Staunen.*

25
Die verschleierte Wahrheit

Raum und Zeit sind relativ, sagt Einstein. Es gibt keine Materie an sich, sagt Planck. Materie ist eine Wolke aus Unbestimmtheit, sagt Heisenberg. Und schließlich Niels Bohr: »Wer über die Quantentheorie nicht entsetzt ist, hat sie nicht verstanden.«

Als Einstein in Prag lebte, sah er von seinem Arbeitszimmer aus auf einen schönen Park, der zu einer – wie man damals sagte – Irrenanstalt gehörte. Manchmal führte Einstein seine Besucher ans Fenster und sagte mit Blick auf die Kranken, die unter den alten Bäumen flanierten: »Sie sehen dort den Teil der Verrückten, der sich nicht mit der Quantentheorie beschäftigt.«

Die neue Physik stellt die Welt auf den Kopf. Wer sich auf sie einlässt, ist irritiert und verunsichert: Kann die Wirklichkeit dermaßen anders sein, als wir sie wahrnehmen? Unsere Wahrnehmung bewährt sich ja im Alltag durchaus. Allerdings beschränkt sie sich auf jene Informationen, die wir für unser Leben und Überleben benötigen. Das ist ein uraltes Erbe der Evolution. Quantenphysik und Relativitätstheorie zeigen uns nun eine Ebene der Wirklichkeit, die der sinnlichen Wahrnehmung komplett entzogen ist, den Verstand an Grenzen führt, die Vorstellungskraft überfordert – und doch fundamental zu unserer Welt gehört. Offensichtlich kann auch etwas wahr sein, obwohl wir es nicht oder ganz anders erfahren.

Seit den bahnbrechenden Entdeckungen von Einstein, Planck & Co. ist es nicht mehr möglich, von der Wahrheit zu sprechen, weil die Wahrheit vom Standpunkt und vom Bezugssystem desjenigen abhängt, der sie definiert. Meine Wahrheit ist nicht die ganze Wahrheit, und Ihre ist es auch nicht. Bestenfalls erkennen wir einen Aspekt der Wahrheit, und das ist schon viel. Darüber können wir miteinander ins Gespräch kommen. Im friedlichen Wettstreit der Meinungen scheint möglicherweise etwas von *der* Wahrheit auf, ohne dass wir sie je erfassen und begreifen könnten.

Es ist wie im berühmten Gleichnis von den Blindgeborenen und dem Elefanten. Da stehen sechs Blinde vor einem Elefanten und versuchen, dieses Tier zu begreifen. Für den einen ist der Elefant wie ein Ast – er hat den Rüssel in der Hand. Für den anderen wie eine mächtige Säule – er berührt ein Bein. Für den dritten eine raue Wand – er tastet den Bauch ab. Ein vierter meint, der Elefant sei wie eine solide Röhre – er hat seine Finger auf einen Stoßzahn gelegt. Und ein fünfter wendet ein, das Tier sei wie ein Seil – in seiner Hand liegt der Schwanz. Für den sechsten ist der Elefant wie das Blatt eines Baumes – er streicht über das Ohr.

Keiner hat den Elefanten ganz erfasst. Aber jeder hat einen Aspekt erkannt. Jetzt können sie miteinander streiten, wer recht hat; dieser Streit wird endlos sein und zu keinem guten Ergebnis führen. Oder sie können alle Eindrücke zusammentragen und die vielen, auch widersprüchlichen Teilwahrheiten miteinander verknüpfen. Dann sind sie der Wahrheit schon ziemlich nahe, auch wenn sie nie die ganze Wahrheit kennen werden – denn sehen kann das Tier keiner.

Das ist etwa unsere Situation, wenn wir über die Wahrheit nachdenken. Wir sind Blinde, nur wissen wir es nicht. So neigen wir dazu, unsere relative Wahrheit absolut zu setzen. Erst in der offenen Auseinandersetzung mit anderen Wahrheiten beginnt sich unsere Sicht der Dinge zu relativieren. Das ist ein wichtiger und heilsamer Prozess, weil er uns näher an das heranführen kann, was wirklich und wahr ist.

Das heißt nicht, dass die Wahrheit etwas Beliebiges ist. Es ist nicht alles gleich gültig. Wahrheiten können und müssen geprüft, verglichen und aneinander gemessen werden. Es muss um sie gerungen und gestritten werden. Sie dürfen kritisiert und verworfen, aber auch angenommen und manchmal sogar geliebt werden. Was wir als wahr betrachten, sollen wir auch so bezeichnen und vertreten. Aber ohne Absolutheitsanspruch. Eine gesunde Portion Skepsis ist der Wahrheit nie abträglich, ganz im Gegenteil – sie bereitet ihr den Boden. Das Feuer des Zweifels reinigt und klärt.

Der offene Dialog ist auch wichtig, um nicht der Illusion zu verfallen, die Wahrheit für immer zu besitzen. Eine solche Annahme ist der größte Feind der Wahrheit. Unter dem Klammergriff des Habenwollens erstarrt sie zu einem dürren, leblosen Konstrukt, das mit der Wirklichkeit nicht mehr viel zu tun hat. Wahrheit darf nicht eingesperrt werden. Sie gehört ins Freie. Sie braucht frische Luft.

Und wenn Sie jetzt wissen möchten, ob diese Gedanken zur Wahrheit wahr seien, dann lautet meine Antwort: Ja, sie sind wahr – aber relativ. Vielleicht sehen Sie das alles ja ganz anders?

Auf den Punkt gebracht:

- *Wer meint, die Wahrheit zu besitzen, kennt sie nicht.*
- *Unsere Wahrheit ist subjektiv und damit relativ.*
- *Nur der Dialog kann in die Nähe der Wahrheit führen.*

Unsichtbare Wirklichkeiten:
Die Fülle der Leere –
und wie wir die Welt
erschaffen

Vom ersten Auge, das sich öffnete,
und habe es einem Insekt gehört,
bleibt das Dasein der ganzen Welt abhängig.
Arthur Schopenhauer

26
Ein Tanz ohne Grenzen

Wenn Sie jetzt zu Hause sitzen und um sich blicken, dann sehen Sie eine mehr oder weniger geordnete Welt. Auf jeden Fall ist da etwas Sicht- und Fassbares vorhanden. Wahrscheinlich sogar ziemlich viel, möglicherweise auch zuviel (dann wäre es an der Zeit, wieder einmal aufzuräumen). Was Sie nicht sehen, ist die wirkliche Natur all dieser Dinge: Sie sind bei weitem nicht so kompakt, wie sie scheinen. Im Gegenteil: Physikalisch gesehen sind sie vorwiegend leer (aufräumen müssen Sie leider trotzdem noch).

Die ganze Welt ist aus Atomen aufgebaut. Zum Beispiel dieses Buch, Sie selber und der Boden unter ihren Füßen. Atome bestehen aus einem Kern und einer Hülle aus Elektronen – vor allem aber aus einer großen Leere dazwischen. Die Zahl ist eindrucksvoll: Sämtliche Materie, ob fest, flüssig oder gasförmig, ist zu 99,999 999 999 9999 Prozent leerer Raum, in dem sich winzigste Teilchen bewegen.

Das ist schwer zu glauben, weil die Sinne uns einen anderen Eindruck vermitteln. Wenn wir einen Stein aufheben, halten wir ein Stück fester Materie in der Hand. Seine Härte und sein Gewicht verleihen ihm eine große Beständigkeit. Aber auch der Stein ist im Innersten ein Geflecht von Beziehungen, ein Wirbel von Elementarteilchen, die durch einen weitgehend leeren Raum tanzen.

Eine Frage liegt jetzt auf der Hand: Wenn alle Materie praktisch leer ist, dann müsste es doch möglich sein, durch eine Wand zu gehen, statt den Umweg über die

Tür zu nehmen? Erfahrungsgemäß funktioniert das nicht. Die Physiker wissen auch wieso: Es sind die Elektronen, die mit ihrer abstoßenden Kraft jede Durchlässigkeit verhindern. Diese wirbeln mit extrem hoher Geschwindigkeit um den Kern, sodass sie wie ein rotierender Propeller immer überall sind und eine Art Schale bilden. Die Materie erhält damit ihre feste Form. Und wir können höchstens die Wände hoch, aber nie durch eine Wand hindurch gehen.

Auch nicht praktikabel, aber immerhin theoretisch denkbar ist ein anderes Experiment: Könnten wir sämtliche Leere aus den Atomen entfernen, dann würde von der Materie, einem Stein zum Beispiel, bloß noch 0,000 000 000 0001 Prozent übrig bleiben. Der Stein wäre verschwunden. Könnten wir alle leeren Räume aus unseren Körpern entfernen, fände die ganze Menschheit in einem Raum so groß wie ein Stück Würfelzucker Platz. Würden wir dieses Experiment mit unserem Planeten anstellen, dann schrumpfte die Erde auf die Größe eines Fußballs – wäre aber immer noch gleich schwer wie jetzt.

Die Leere im Mikrokosmos findet ihre Entsprechung im Makrokosmos. Das All ist ebenfalls weitgehend leer. Im Durchschnitt ist pro Kubikmeter nur ein einziges Atom anzutreffen – so gut wie nichts. Feste Objekte sind sehr selten und – gemessen an den gigantischen kosmischen Räumen – verschwindend klein. Weil nichts die Sicht verstellt, können wir selbst das Licht von Sternen sehen, die Millionen Lichtjahre von uns entfernt sind. Zwischen ihnen und unserem Auge – nichts als Leere.

Diese Leere ist aber keineswegs das pure Nichts. Sie wird von Energie durchströmt und enthält Teilchen, die ohne erkennbare Ursache entstehen und blitzschnell wieder zerfallen. Durch das All rauschen zudem ständig sogenannte Geisterteilchen (Neutrinos), die nicht zu fassen sind, weil sie keine Spuren hinterlassen. Es scheint im Universum letztlich keinen Ort zu geben, wo wirklich rein gar nichts ist.

Tatsache aber bleibt: Feste Materie ist in diesem Universum nicht die Regel, sondern die Ausnahme. Da mutet der Materialismus der Gegenwart, der sich als Glaube an die Materie definieren lässt, seltsam an. Wir glauben an etwas, das aufs Ganze gesehen ziemlich unbedeutend ist und auch keinen Bestand hat. Dieser Glaube wird uns immer wieder enttäuschen. Materie hat durchaus ihre guten Seiten, und wir sind auf sie angewiesen. Aber sie erfüllt nicht unsere tiefsten Wünsche, vermittelt keine absolute Sicherheit und zerrinnt uns früher oder später zwischen den Fingern.

Mit der Materie verhält es sich wie mit einem Regenbogen. Wir können seine sanft leuchtenden Farben bewundern und uns an seiner Schönheit erfreuen. Aber wir können ihn nicht anfassen, nicht aufbewahren und auch keine Geschäfte mit ihm machen. Wenn wir ihm hinterherlaufen, um ihn einzufangen, verlieren wir ihn. Auch der Regenbogen ist leer.

⌒

Auf den Punkt gebracht:

- *Alle Materie ist im Innersten leerer Raum.*
- *Feste Materie ist im Universum eine Seltenheit.*
- *Materialismus beruht auf einer Täuschung.*

⌒

27
Warum wir die Leere brauchen

Die Natur scheint eine Vorliebe für die Leere zu haben. Offensichtlich kann sie sich nur so entfalten. Sie braucht die Leere im Kleinsten und sie braucht die Leere im Größten. Auch wir Menschen brauchen die Leere, haben sie aber weitgehend verloren und vertrieben. So gesehen leben wir ziemlich unnatürlich. Die Landschaften sind zugebaut, die Straßen verstopft, die Verkehrsmittel überfüllt, die Terminkalender vollgeschrieben und die Tage von früh bis spät verplant. Bleibt dann doch irgendwo ein kleiner Rest Leere, wird er gleich mit allerlei Aktivitäten zugepflastert.

Oft sind wir auch auf der Flucht vor der Leere. Sie konfrontiert uns direkt mit uns selber, was unangenehm sein kann. Wo alles Äußere wegfällt, stehen wir sozusagen nackt da. Gewohnt, uns mit vielen Äußerlichkeiten zu identifizieren, droht der Sturz ins Nichts. Wer bin ich, wenn all die Dinge wegfallen, die mich auszumachen scheinen: Name, Herkunft, Beruf, Besitz? Bleibt dann überhaupt noch etwas übrig? Eine heikle, aber wichtige Frage. Sie ist das Eingangstor zu einer vertieften Wahrnehmung des Lebens.

Die Leere fordert uns heraus. Und sie lockt auch, verspricht Entlastung und Befreiung. In einer mit Dingen vollgestopften Welt schafft sie Raum. Ein leerer Kalender kann ebenso wohltuend sein wie ein leeres Zimmer. Die Leere ist deshalb nicht bloß negativ zu definieren, durch das, was fehlt. Wer eine Wohnung räumt, wird feststellen, dass der leere Raum mehr ist als bloß die Abwesenheit von Stuhl, Schrank und Tisch. Es fehlt nicht nur etwas, es ist auch spürbar etwas da.

Die Architektur mancher Sakralbauten bezieht die Leere ganz bewusst mit ein. Die Innenräume sind viel höher gebaut als sie sein müssten, um Menschen Schutz zu bieten. Unter dem Gewölbe bleibt verschwenderisch viel Raum frei. Wer eine Kirche oder eine Moschee betritt, spürt sogleich, dass es hier um etwas geht, das mehr als alles ist: um die Fülle der Leere. Für viele ist die Leere eines Sakralraums schon der halbe Gottesdienst, für einige sogar der ganze. Hier kann die Seele atmen.

Und dann das Meer. Es eröffnet eine endlose Weite. Bis zum Horizont nur Wasser und Himmel. Nichts hindert den Blick, nichts drängt sich auf. Eine Erfahrung, die der gestressten Seele gut tut. Die gleiche Wirkung hat weites, flaches Land in einsamen Gegenden: Von ihm geht gerade deshalb eine magische Kraft aus, weil es fast nichts enthält. Auch Wüsten und Berge reduzieren die Komplexität dieser Welt auf ganz wenige, elementare Dinge. Und natürlich der nächtliche Sternenhimmel mit seinen unermesslich weiten Räumen. Der Effekt ist immer derselbe: Leere Welten voller Möglichkeiten. Man kann sich in ihnen verlieren, aber auch finden – und gelegentlich beides miteinander: sich finden, indem man sich verliert.

Die Erfahrung der Leere ist ein Tor zur Fülle des Lebens. Wo vieles wegfällt, bekommt das, was bleibt, seinen besonderen Wert. Es gibt so etwas wie eine Mathematik der inneren Welt, die auf einer einfachen Gleichung beruht: Je mehr wir haben, um so weniger erleben wir – und umgekehrt (vorausgesetzt, unsere Grundbedürfnisse sind befriedigt). Viele asketische Übungen sind Versuche, durch eine mehr oder weniger strenge Praxis des Verzichts die Intensität des Erlebens zu steigern.

Auch gute Gedanken brauchen Raum. Wo vorgefasste Meinungen und fixe Vorstellungen den Kopf besetzen, kann nichts Neues entstehen. Sich von vertrauten gedanklichen Mustern zu trennen und in die Leere des Nichtwissens einzutreten, ist eine permanente Herausforderung (vor der auch die Quantenphysiker immer wieder standen). Nur so entsteht der Leer-Raum, der zum Lehr-Raum werden kann, wo kaum etwas gewiss, aber vieles möglich ist.

Die Leere enthält ein kreatives Potenzial. Das sagt die Physik des 21. Jahrhunderts. Das sagen die alten Weisheitstraditionen des Ostens. Und das sagt der christliche Mystiker Meister Eckhart (1260–1328): »Nimm hierfür ein Gleichnis aus dem Leben: Will ich auf einer Tafel schreiben, muss ich zuvor tilgen, was auf der Tafel steht. Zum Schreiben eignet sich eine Tafel nur, wenn nichts drauf steht. Was empfangen will, muss zuvor leer sein.«

Leere und Fülle sind nicht Gegensätze, sondern zwei Seiten ein- und derselben Medaille. Der Dramatiker Bert Brecht (1898–1956) hat es erfahren:

»Geh ich zeitig in die Leere
komm ich aus der Leere voll.
Wenn ich mit dem Nichts verkehre
weiß ich wieder, was ich soll.«

Auf den Punkt gebracht:

- *Die Natur braucht viel Leere – der Mensch auch.*
- *Die Leere entlastet, befreit und schafft Raum.*
- *Die Erfahrung der Leere ist ein Tor zur Fülle des Lebens.*

28
Die Erschaffung einer Blume

Wenn alles, was wir mit unsern fünf Sinnen wahrnehmen können, fast nur aus Leere besteht – erliegen wir dann permanent einer Täuschung? Ist das, was wir für die Wirklichkeit halten, gar nicht wirklich?

»Wenn das so wäre und nichts wirklich existierte«, bemerkte Woody Allen einmal, »dann hätte ich für meinen neuen Teppich eindeutig zu viel bezahlt.«

So schlimm ist es zum Glück nicht. Der Teppich existiert schon, so wie es auch Sie gibt und mich und dieses Buch, das uns verbindet. Die sinnlich erfahrbare Welt ist real. Wir nehmen aber nur einen Ausschnitt von ihr wahr.

Unser Verstand filtert die gewaltige Flut von Sinneseindrücken, verarbeitet und interpretiert sie, um sich ein Bild zu machen. Die Auswahl beschränkt sich auf jene Aspekte, die für das Überleben wichtig sind. Unser Wahrnehmungsapparat ist das Ergebnis von Jahrmillionen der Evolution. Informationen, die wir nicht zwingend brauchen, nimmt er größtenteils auch nicht auf. Nur so können wir die vielen auf uns einstürmenden Reize verarbeiten.

Der Teppich ist eine stoffliche Realität. Wir können ihn betrachten, abtasten, riechen und, wenn es sein muss, auch mit der Zunge schmecken. Aus den Sinneseindrücken formt unser Hirn das Bild eines festen Objekts, und wir wissen: »Das ist ein Teppich«. Dass dieser aus unzähligen kleinsten Teilchen besteht, die durch einen weitgehend leeren Raum wirbeln, verraten die Sinne nicht. Wozu auch? Um ihn zu betreten, brauchen wir diese Information nicht.

Den Erkenntnismöglichkeiten sind Grenzen gesetzt. Was wir wahrnehmen, sind nicht die Dinge an sich, sondern unsere Erfahrung von den Dingen. Deshalb kann die persönliche Wahrnehmung auch nicht der einzige Maßstab für die Wahrheit sein. Ein gesunder Zweifel an der Absolutheit der eigenen Sichtweise ermöglicht es, andere Informationen zuzulassen und neue Perspektiven zu erproben. Wir bleiben trotzdem auf dem Teppich, weil wir gar nicht anders können. Wir wissen zwar, dass dieser Teppich von seiner innersten Struktur her wesentlich anders aufgebaut ist als wir ihn sehen, aber erfahren werden wir es nie. Sein Innenleben muss uns in dem Moment, wo wir den Fuß auf ihn setzen, ja auch nicht groß kümmern.

Unsere Vorstellung von der Wirklichkeit hängt ab von den Sinnesreizen und deren Verarbeitung im Gehirn. Wir sehen die Welt nicht so, wie sie ist, sondern so, wie unser Gehirn sie uns zeigt. Bei der Interpretationsleistung des Gehirns spielen auch unser Vorwissen, unsere Einstellungen und Überzeugungen eine Rolle. Das Ergebnis: Was wir für die Wirklichkeit halten, ist unsere persönliche Deutung. Andere Lebewesen, eine Fledermaus oder ein Regenwurm etwa, nehmen eine ganz andere Welt wahr. Für den Regenwurm muss unser trockener Teppich wohl ein Alptraum sein.

Es gibt keine von uns getrennte Welt »da draußen«. Wir sind Teil der Welt, die wir beobachten; in gewissem Sinne erschaffen wir sie sogar. Der Dichter Christian Morgenstern (1871–1914) reflektiert diesen Zusammenhang beim Anblick eines Meilensteins im Wald.

»Tief im dunklen Walde steht er
und auf ihm mit schwarzer Farbe,
dass des Wandrers Geist nicht darbe:
Dreiundzwanzig Kilometer.

Seltsam ist und schier zum Lachen,
dass es diesen Text nicht gibt,
wenn es keinem Blick beliebt,
ihn durch sich zu Text zu machen.

Und noch weiter vorgestellt:
was wohl ist er – ungesehen?
Ein uns völlig fremd Geschehen.
Erst das Auge schafft die Welt.«

Im Schauspiel des Lebens sitzen wir nicht nur in den Zuschauerreihen, wir stehen auch auf der Bühne. Sie brauchen nur eine Blume in die Hand zu nehmen. Ohne Ihr Dazutun wäre sie ein blasses, unbestimmtes Objekt, das aus Molekülen, Atomen und Elementarteilchen besteht, die in leeren Räumen vibrieren. Schade um die schöne Blume! Doch zum Glück gibt es Sie: Ihr Gehirn erschafft mit dem von diesem Objekt gestreuten Licht augenblicklich das Bild einer leuchtenden Blume. Wunderbar! Eine Welt ganz ohne Blumen wäre eine arme Welt. Es braucht Menschen wie Sie, welche die Blume erschaffen, indem sie sie sehen.

Auf den Punkt gebracht:

- *Wahrnehmen heißt auswählen; vieles fällt dabei weg.*
- *Unsere Welt ist nicht die ganze Welt.*
- *Eine Blume leuchtet nur für jene, die sie sehen.*

Die Schönheit einer Blume entsteht im Menschen, der sie betrachtet. Wir sind (meist unbewusst) Mitgestaltende der Welt, die wir wahrnehmen. Die uralten Prägungen der Evolution steuern unsere Wahrnehmung. Doch wir können auch bewusst unser Bild der Welt und damit unsere Wirklichkeit beeinflussen, indem wir auswählen, was wir anschauen, wie wir es anschauen und welche Schlussfolgerungen wir daraus ziehen.

(Bild: http://www.schulbilder.org/malvorlage-blume-i10146.html)

29
Das Ich unter dem Mikroskop

Wer bin ich? Die uralte Menschheitsfrage. Wer »Ich« sagt und das mit einer Geste verdeutlichen will, zeigt auf die Brust. Mit dem Körper identifizieren wir uns am stärksten. Macht er uns aus? Dann wäre zu bedenken, dass er über erstaunlich wenig Substanz verfügt. Wie alle Materie besteht auch der menschliche Körper zu mehr als 99 Prozent aus leerem Raum. Der Finger zeigt also weitgehend ins Leere.

Da kann man sich nur wundern, dass soviel Leere Kopfweh haben oder ein Stück Schokolade genießen kann. Noch seltsamer wird es, wenn wir einmal in einem kleinen Gedankenexperiment sämtliche Leerräume aus unserem Körper entfernen. Was bleibt übrig? Praktisch nichts. Unser Körper wäre dermaßen zusammengeschrumpft, dass man uns mit dem Mikroskop suchen müsste. Wir wären praktisch verschwunden.

So leicht wird man sich also los ...

Von unserer physikalischen Masse her sind wir tatsächlich bloß ein mikroskopisch kleines Häufchen von Atomkernen und Elektronen. Dass wir nicht als subatomare Winzlinge unser Leben fristen müssen, verdanken wir den leeren Räumen unseres Körpers. Durch sie wird aus einem Beinahe-Nichts ein Mensch aus Fleisch und Blut.

Die Mystik des Ostens sagt: Aus der Leere kommt alles – in die Leere kehrt alles zurück. Die Leere bringt Myriaden von Formen, Gestalten und Strukturen hervor. Aber sie ist nie zu fassen. »Ich habe es geschafft, ich bin ganz leer geworden«, rief der Zen-Schüler voller Begeisterung seinem Meister zu. Dieser antwortete kühl: »Dann geh und entleere dich noch dieser Leere.« Der Kopf dieses Schülers war keineswegs leer, sondern erfüllt vom stolzen Gedanken, ganz leer geworden zu sein. Dass sein Körper tatsächlich weitgehend aus Leere besteht, wusste er nicht. Und auch der Meister wusste es nicht, denn es war ja kaum seine Absicht, den Schüler auf die Maße eines mikroskopischen Winzlings zu verkleinern.

Wer also bin ich? Wenn wir uns über den Körper definieren, bringt uns das in Schwierigkeiten. Dieser ist nicht nur weitgehend leer, sondern auch höchst unbeständig. Die Atome werden laufend ausgetauscht, die Moleküle und Zellen ständig erneuert. Unser heutiger Körper hat von seiner materiellen Substanz her kaum mehr etwas gemeinsam mit dem Vorjahresmodell. Auch die Gedanken und Gefühle sind sehr wechselhaft, sie kommen und gehen.

Die Vorstellung eines unwandelbaren Ichs ist jedenfalls trügerisch. Sie entsteht durch unsere Identifikation mit dem Körper und durch die gedanklichen Evergreens, die wir in Endlosschleifen wiederholen. Was wir Ich nennen, ist weitgehend Gewohnheit. Eine Geschichte, die wir uns immer wieder erzählen.

Meister Eckhart meint: Um uns wirklich kennen zu lernen, müssen wir einmal alles vergessen, was wir über uns zu wissen meinen. Uns geistig entleeren. In der Leere des Nichtwissens wird spürbar, dass da noch etwas ganz Anderes ist. Etwas Größeres, das dieses Ich weit übersteigt. Etwas Unbedingtes, Zeitloses und Allumfassendes. Die Liebe. Das Sein. Das Eine. Das Göttliche. Gott. Man kann es nennen, wie man will, die Worte werden nie ausreichen. Aus diesem namenlosen Urgrund leben wir. Er verbindet uns mit allem, was ist, was war und sein wird.

»Was wir wirklich sind«, sagt der Benediktiner und Zen-Lehrer Willigis Jäger (* 1925), »ist nicht geboren und kann daher auch nicht sterben.«

Eckhart spricht vom *Seelenfünklein*. Dieses Fünklein macht das Eigentliche eines Menschen aus. In ihm sind wir verbunden mit dem ganzen Kosmos, mit dem Absoluten, dem Göttlichen: »Manche schreiben, wie unendlich das All, wie weit der Himmel sei. Nun: Das geringste Vermögen in meiner Seele ist weiter als der weite Himmel. Mit dem Fünklein in meinem Seelengrund bin ich einer Stelle tausend Meilen jenseits des Meeres genauso nah wie der Stelle, auf der ich hier stehe. Da ist nicht Zeit noch Raum, kein Vor und Nach. Alles ist gegenwärtig umschlossen in einem Jetzt, in dem tausend Jahre so kurz wie ein Augenblick sind.«

Unser Körper mag weitgehend leer sein, das Ich wechselhaft und vergänglich, doch genau die Erkenntnis dieser Unbeständigkeit führt uns auf die Spur des Seelenfünkleins. Es bleibt. Wir müssen es nicht definieren, nicht festlegen, nicht begreifen – nur Sorge tragen zu ihm, das müssen wir. Es macht uns wesentlich aus.

~

Auf den Punkt gebracht:

- *Unser Körper besteht zu über 99 Prozent aus Leere.*
- *Das Ich ist unbeständig, wechselhaft und fließend.*
- *Was uns trägt und nährt, ist das Seelenfünklein.*

~

30
Wenn alles ganz einfach wird

Während ich vor dem Computer sitze und schreibe, segelt draußen vor dem Fenster ein golden leuchtendes Herbstblatt zu Boden. Im Frühling ist es gekommen, im Herbst geht es wieder. So einfach ist das.

Kann es sein, dass am Ende alles ganz einfach wird?

Vielleicht schon. Doch Einfachheit ist nicht mit Naivität zu verwechseln. Die Welt ist äußerst vielschichtig. Je mehr wir über sie wissen, umso komplizierter erscheint sie. Das ist die eine Seite. Wenn wir uns aber auf die Welt einlassen, wie sie sich in diesem Moment zeigt, kann tatsächlich alles sehr einfach werden. Das ist die Erfahrung der Meditation.

Es braucht beides: Den Blick in die verwirrenden Abgründe der Wirklichkeit – und einen wachen Sinn für die Schönheit dieses Augenblicks. Die Fragen, die Verunsicherung, die Suche – und das Schauen, das Staunen, das Schweigen. Nach dem Existenzphilosophen Karl Jaspers (1883–1969) eröffnet sich jenseits aller Bilder und Begriffe ein Raum der Freiheit, durch den »das eigentliche Sein zu uns spricht«.

In den ersten Jahrzehnten des zwanzigsten Jahrhunderts haben viele Physiker diese Erfahrung gemacht. Je tiefer sie Materie, Raum und Zeit erforschten, umso mehr verloren sie den Halt. Eine Gewissheit nach der andern geriet ins Wanken. Jaspers spricht von einem »Sturz aus den Festigkeiten«. Und etliche Forscher vernahmen am Ende aller Gewissheiten die leise Stimme des Seins.

Von diesen Erschütterungen spüren die meisten Menschen bis heute nichts, was ebenso merkwürdig wie beruhigend ist. Während die Welt der Physiker allmählich auseinanderbrach, nahm das Leben seinen gewohnten Lauf. Die Menschen gingen ihren Beschäftigungen und Leidenschaften nach, in den Fabriken liefen die Maschinen und auf den Weiden grasten Kühe, im Sommer zogen Gewitter übers Land und im Winter fiel Schnee.

Welch seltsamer Kontrast zwischen den verwirrend komplexen Prozessen im subatomaren Bereich – und den vergleichsweise einfach gestrickten Geschichten des Alltags! Während wir uns in einer ziemlich geordneten Welt bewegen, herrscht auf einer tieferen Ebene ein Gewusel, das niemand richtig zu durchschauen vermag.

Wer sich im Bewusstsein dieser Abgründigkeit den vielen Dingen des Alltags zuwendet, wird diese nicht mehr für selbstverständlich nehmen. Es ist im Gegenteil höchst erstaunlich, dass wir hier sind, dass das tägliche Leben einigermaßen funktioniert und dass auf viele wesentliche Dinge Verlass ist – aller Unbeständigkeit zum Trotz.

Nach Jaspers folgt auf den Sturz aus den Gewissheiten ein »Schwebenkönnen«. Das Herbstblatt macht es vor: Es lässt sich fallen und schwebt still seiner Bestimmung entgegen. Manchmal ist wirklich alles ganz einfach.

~

Auf den Punkt gebracht:

- *Die Forschung zeigt uns eine komplizierte Welt.*
- *Die Welt kann aber auch ganz einfach sein.*
- *Wissenschaft und Meditation ergänzen sich.*

~

Das große Himmelszelt:
Sonne, Mond und Sterne –
und was sie uns zeigen

Und meine Seele spannte
Weit ihre Flügel aus,
Flog durch die stillen Lande,
Als flöge sie nach Haus.

Joseph von Eichendorff

und meine Seele spannt nun
weit ihre Flügel aus,
fliegt durch die stillen Lande
auf ihrem weg nach Haus.

31
Die Handschrift der Götter

Was am Himmel geschrieben steht, kann auf der Erde nicht ausgelöscht werden. Die himmlischen Zeichen verweisen auf die große Ordnung dieser Welt. Früher sahen die Menschen darin die Handschrift der Götter. Schon vor Jahrtausenden begannen sie, diese Schrift zu entziffern. Sie beobachteten die Bewegungen von Sonne, Mond und Sternen und versuchten, aus dem Lauf der Gestirne Gesetzmäßigkeiten abzuleiten. Damit ließ sich der richtige Zeitpunkt von Saat und Ernte bestimmen. Reisende fanden in den Sternen hilfreiche Orientierungspunkte. Auf die Schrift am Himmel konnte man sich verlassen.

Die babylonischen Sterngucker, die griechischen Naturphilosophen, die alten Chinesen und die Maya in Mittelamerika zeichneten ihre Himmelsbeobachtungen auf und erstellten die ersten Kalender. Die Sternkunde ist die älteste aller Wissenschaften. Mit ihr begann die Erforschung der Welt. Der Blick richtete sich nach außen. Die Frage lautete: Wo sind wir? Erst später kam eine zweite Frage hinzu: Wer sind wir? Zuerst ging es um Welterkenntnis und nicht um Selbsterkenntnis. Die Menschen mussten die Räume der Welt erkunden, um dann bei sich selber anzukommen.

Im Laufe der Jahrhunderte wurde der Himmel immer genauer vermessen. Im 17. Jahrhundert gelang es Isaac Newton, mit seinem Gravitationsgesetz die Himmelsbewegungen vollständig zu erklären. Ein großer Erfolg für die Wissenschaft. Die Sternenwelt konnte nun exakt kartografiert werden. Die Himmelskörper wurden gezählt, sortiert und geordnet. Die Handschrift der Götter löste sich in einer Ansammlung von Buchstaben auf. Die Wissenschaft triumphierte über den Mythos.

Mythos und Wissenschaft müssen sich aber nicht ausschließen. Sie können sich ergänzen. Immer mehr Kosmologen suchen heute nach dem verlorenen Zusammenhang. Sie fragen wieder nach dem Ganzen. Das Universum gleiche eher einem großen Gedanken als einem losen Haufen von Buchstaben, meint etwa der Astrophysiker Sir James Jeans (1877–1946).

Messungen und Analysen sind unverzichtbar, wenn es darum geht, die Natur zu erforschen. Aber wer sie nicht nur beschreiben, sondern auch erfahren und möglichst gut verstehen will, braucht wache Sinne, eine gute Intuition und einen Sinn für das Ganze. Es ist wie mit einem Musikstück: Wer nur die Noten liest oder die Schallwellen misst, wird die Musik nicht wirklich hören. Der Zauber des Klangs zeigt sich dem aufnahmebereitem Ohr – und einem Herzen, das sich berühren lässt. Ebenso verhält es sich mit den Kompositionen der Natur und der Sinfonie des Kosmos.

Von einer solchen Erfahrung berichtet der amerikanische Dichter Walt Whitman (1819–1892): Er hörte eines Abends dem Vortrag eines Astronomen zu, der mit vielen Zahlen, Tabellen und Diagrammen den Sternenhimmel erklärte. Whitman wurde sehr müde dabei. Irgend einmal hatte er genug. Er stand auf, verließ den Saal und trat hinaus in die dunkle, kühle Nacht. Er blieb stehen und schaute hinauf zu den Sternen. Keine Zahlen, keine Erklärungen, keine Tabellen. Nur die feuchte Luft der Nacht, die Sterne – und eine vollkommene Stille. Für den Dichter ein höchst ergreifendes Erlebnis, eine Erfahrung von Transzendenz.

Die Sterne bieten sich an, die Kunst der reinen Betrachtung zu üben. Es ist gut, einiges über sie zu wissen. Es ist aber auch gut, dieses Wissen gelegentlich in den Hintergrund zu stellen und einfach nur zu schauen. Den nächtlichen Himmel lange auf sich wirken zu lassen. Das ist Kontemplation im eigentlichen Sinne des Wortes: Eine Schau, die Himmel und Erde verbindet. Sie stellt den verlorenen Zusammenhang wieder her. Die Verbindung mit dem Ganzen. Das Ich wird befreit aus der Enge der Selbstbezogenheit. Neue Räume eröffnen sich und mit ihnen neue Perspektiven.

Das Meer der Sterne lässt das Mehr des Lebens ahnen. Es muss mehr als alles geben. Der Blick in die Tiefen des Alls verrät es. Was dieses Mehr ausmacht, wissen wir nicht. Wir müssen es auch nicht wissen. Aber wir spüren, dass es mehr gibt, als wir begreifen und berechnen können.

Der Maler Vincent van Gogh (1853–1890) gesteht: »Manchmal habe ich ein schreckliches Bedürfnis – soll ich das Wort sagen? – nach Frömmigkeit. Dann gehe ich in die Nacht hinaus und male die Sterne.«

Auf den Punkt gebracht:

- *In den Sternen spiegelt sich die Ordnung dieser Welt.*
- *Das Universum gleicht einem großen Gedanken.*
- *Das Meer der Sterne verweist auf das Mehr des Lebens.*

Die Milchstraße, eine typische Spiralgalaxie. Sie enthält 100 bis 300 Milliarden Sterne. Auf einem der äußeren Spiralarme befindet sich unsere Sonne mit ihren Planeten. Die Spirale ist ein Urzeichen der Menschheit. Es symbolisiert den ewigen Wechsel von Werden und Vergehen. Aber eine Spirale ist kein Kreis und bewirkt nicht die Wiederkehr des immer Gleichen. Vielmehr wird mit jeder Umdrehung eine neue Ebene erreicht. Die Bewegung führt nicht an den Ausgangspunkt zurück, sondern auf eine neue Stufe. Die Spirale ist ein Zeichen ständiger Erneuerung. *(Bild: © Astrofoto/Numazawa)*

32

Die Botschaft der Sterne

Es gibt mehr Sterne im Universum als Sandkörner auf der Erde. Die Ausmaße des Sternenhimmels sind wahrhaft astronomisch. Trotz der vielen Himmelslichter bleibt das All aber weitgehend dunkel. Die Sterne sind über so große Distanzen verstreut, dass sie in den kosmischen Räumen eine Seltenheit darstellen.

Sterne sind riesige Kugeln aus sehr heißen und stark leuchtenden Gasen. In ihrem Innern erzeugen sie während Jahrmilliarden Energie in Form von Licht und Wärme. Dies geschieht durch eine sogenannte Kernfusion, bei der zwei Atomkerne zu einem neuen Kern verschmelzen.

Ein bemerkenswerter Vorgang: Das Allerkleinste, was es überhaupt gibt, die Atome und Elementarteilchen, ermöglicht das Allergrößte, die Sterne mit ihrem Licht. Und umgekehrt gilt: Die mächtigen Sterne erzeugen die winzigen subatomaren Teilchen. Kleinstes und Größtes sind aufeinander bezogen und bedingen sich gegenseitig, als ob ein unsichtbares Band den ganzen Kosmos durchziehen und alles mit allem verbinden würde. Im buddhistischen *Avatamsaka-Sutra* heißt es: »Das gesamte Universum spiegelt sich in jedem Ding wider, bis hinunter zum kleinsten Staubkorn.«

Die Sterne scheinen unveränderlich am Himmel zu stehen und werden deshalb im Unterschied zu den wandernden Planeten auch Fixsterne genannt. Doch der Eindruck täuscht. Sterne bewegen sich mit extrem hohen Geschwindigkeiten, nur sind sie so weit von uns entfernt, dass wir ihre Bewegungen nicht wahrnehmen können. In ein paar Tausend Jahren wird es die vertrauten Sternbilder aber nicht mehr geben, die beteiligten Sterne haben sich dann weit voneinander entfernt.

Die meisten Sterne schließen sich zu Galaxien zusammen. Es gibt mehr als hundert Milliarden Galaxien, von denen jede wiederum einige hundert Milliarden Sterne umfasst. Der Begriff *Galaxie* kommt aus dem Griechischen und heißt übersetzt Milchkreis. Tatsächlich sehen Galaxien von ferne wie milchige Wolken aus. Die Galaxie, der wir angehören, wird auch schlicht *Milchstraße* genannt. Sie hat die Form einer Scheibe mit Spiralarmen. In einem der äußersten Arme befindet sich unser Sonnensystem.

Der Anblick eines Sterns ist eine kleine Sensation: Ein Licht, das (von uns aus gesehen) Jahrzehnte, Jahrhunderte oder gar Jahrmillionen durch den Weltraum gewandert ist, kommt hier an – und zwar exakt in dem Moment, wo wir den Stern sehen! Es erreicht uns als Gesandter aus längst vergangenen Zeiten. Und erzählt uns etwas über den Lauf der Welt und über das, was wirklich wichtig ist im Leben.

Sterne sind stille Botschafter. Sie helfen uns, im täglichen Durcheinander das rechte Maß zu finden. Der Vorgang des Ausmessens bildet im Abendland das ursprüngliche Prinzip der Meditation. Das lateinische Wort *meditari* bedeutet geistig abmessen, einem Maßstab folgen (eine Bedeutung, die noch in unserem Wort Meter aufscheint). In der Meditation werden Welt und Leben vermessen, bis an die Grenzen des Unermesslichen.

Die Betrachtung der Himmelslichter ist eine der ältesten Formen der Meditation. Die frühen Himmelslaboratorien waren zugleich Andachtsstätten. Beim Steinkreis von Stonehenge in Südengland dienten die aufrecht stehenden Steinblöcke ebenso der astronomischen Beobachtung wie dem religiösen Kult. Die Azteken, Inka und Maya bauten ihre Tempelanlagen nach astronomischen Messungen. Die Ägypter richteten ihre Pyramiden nach dem Sternenhimmel aus.

Wo das Bewusstsein eines kosmischen Zusammenhangs erwacht, wird die Welt weit und offen. Die Wellenschläge des Alltags verlieren an Bedeutung. Ruhe kehrt ein. Das Licht der Sterne vermag uns zuverlässig durch die Stürme des Lebens zu navigieren, wie Kierkegaard feststellt: »Wenn der Seefahrer draußen auf dem Meer liegt, wenn alles um ihn wechselt, wenn die Wogen geboren werden und sterben, so stiert er nicht in diese hinein, denn sie wechseln. Er sieht hinauf zu den Sternen!«

Wer heute allerdings in den nächtlichen Himmel schaut, sieht je nach Gegend nicht mehr viel. In dicht besiedelten Gebieten vertreibt die künstliche Dauerbeleuchtung die Schatten der Nacht, sodass am Himmel immer weniger Sterne zu sehen sind. Das Verschwinden des Sternenlichts steht in einer merkwürdigen Parallelität zur wachsenden Orientierungslosigkeit der Gegenwart.

Wir brauchen den Blick in die Ferne. Wir brauchen die Sterne. Sie weisen uns den Weg. Ihre Lichter sind Zeichen der Hoffnung. Ihr majestätisches Schweigen lässt manch aufgeregtes Geplapper verstummen, ganz besonders das unaufhörliche Geschwätz im eigenen Kopf. Ihre Ruhe steckt an. Sie kritisieren uns nicht, sie loben uns nicht, sie lassen uns einfach sein, so wie wir sind.

Die Sterne leuchten für jede und jeden, ohne Bedingung und ohne etwas zu erwarten. Sie schicken ihr Licht zu uns, ohne zu fragen, ob die weite Reise zur Erde sich lohne. Sterne rechnen nicht. Sie leuchten. Und sind uns gerade so leuchtende Vorbilder.

Auf den Punkt gebracht:

- *Es gibt mehr Sterne im All als Sandkörner auf der Erde.*
- *Sterne sind Botschafter aus anderen Räumen und Zeiten.*
- *Ihr Licht führt uns durch die Stürme des Lebens.*

33

Das Universum in uns

Die Sterne mögen Lichtjahre weit entfernt und scheinbar vollkommen getrennt von uns am Himmel stehen – und doch sind wir zutiefst mit ihnen verbunden. Sie stellen das Material bereit, aus dem wir gemacht sind. Sie sind unsere Vorfahren. Und wir sind ihre Kinder. Sternenkinder.

Sterne leuchten während Jahrmillionen oder Jahrmilliarden, aber nicht ewig. Sie sind vergänglich. Wenn sie ihre Brennstoffvorräte aufgebraucht haben, zerfallen sie in eine Wolke aus Gas und Staub, aus der sich neue Sterne und andere Himmelskörper bilden. Im Universum entstehen und vergehen in jeder Sekunde Zehntausende von Sternen. Die Sternenwelt wird in jedem Augenblick neu erschaffen. Der Schöpfungsprozess geht weiter.

Wir verdanken unser Dasein letztlich den Sternen – und der Tatsache, dass sie nicht an ihrem Sternsein festhalten, sondern sich früher oder später ins All hinein verschenken. Ein Großteil der Atome und Moleküle unseres Körpers stammt aus dem Inneren verloschener Sterne. In ihnen wurden die Elemente erzeugt, die für unser Leben erforderlich sind: Das Eisen für unser Blut, der Sauerstoff für unsere Lungen, der Kohlenstoff für unser Gewebe und das Kalzium für unsere Knochen.

Wir bestehen aus Asche von mindestens drei Sternengenerationen. Wir sind wortwörtlich Sternenstaub. Die Sterne sind uns näher als unsere Halsschlagader. Das Universum mit seiner oft dramatischen Geschichte und dem dauernden Wechsel von Werden und Vergehen ist in unserem Körper gegenwärtig. »Wir träumen von Reisen durch das Weltall: Ist denn das Weltall nicht in uns?«, fragt der Dichter Novalis und macht damit, ohne es zu beabsichtigen, auch naturwissenschaftlich eine zutreffende Aussage.

Unsere eigene Geschichte beginnt nicht erst mit unserer Geburt. Sie beginnt mit dem Urknall vor knapp 14 Milliarden Jahren. Mit dem verschwindend kleinen, punktförmigen Etwas, von dem niemand weiß, was es genau ist. Es hat eine Bewegung in Gang gesetzt, die zur Entstehung unseres Sonnensystems, zu den Sternen und Planeten, zu den ersten einzelligen Lebewesen, zum Menschen und schließlich zu Ihnen und zu mir geführt hat.

Das ist unsere Geschichte. Sie ist lang, wechselhaft und voller Gefährdungen. Kometen und riesige Asteroiden, welche in die Erde einschlugen, haben mehrmals fast alle höheren Lebensformen vernichtet. Doch die schöpferische Kraft des Universums erlosch nie. Die Natur hat nach jeder Katastrophe Möglichkeiten einer Weiterentwicklung gefunden. Ohne die unermüdliche Kreativität des Kosmos und die vielen Neuanfänge wären wir nicht hier.

Etwas haben wir Sternenkinder den Sternen voraus: Wir können nachdenken, verfügen über Bewusstsein und Sprache. Der Mensch ist möglicherweise das komplexeste Gebilde, das es überhaupt gibt. Jedenfalls ist das menschliche Gehirn neben dem All die am weitesten differenzierte Struktur, welche die Wissenschaft heute kennt. Vielleicht sind wir die einzigen Wesen, welche das Universum bewusst wahrnehmen. Durch uns Menschen hat das Universum die Möglichkeit, in den Spiegel zu blicken und über sich nachzudenken.

Man muss sich das einmal bewusst machen: Durch mich denkt das Universum über sich nach! Angesichts der vielen Nichtigkeiten, die einem von früh bis spät durch den Kopf gehen, vielleicht eine etwas beschämende Vorstellung. Doch das Universum ist vieles gewohnt. Und ab und zu haben wir ja auch ein paar ganz kluge Gedanken. Immerhin gibt es in unserem Kopf mehr Verknüpfungen zwischen den Neuronen als in der ganzen Milchstraße Sterne.

Die Verflechtung mit der kosmischen Geschichte verleiht der persönlichen Geschichte einen neuen Stellenwert. Und zwar in zwei Richtungen: Einerseits sind wir nicht so groß, wie wir meinen. Wir sind Winzlinge in einem riesigen Strom, der durch die Zeiten fließt. Verglichen mit den fast 14 Milliarden Jahren kosmischer Evolution sind unsere paar Jahrzehnte Lebenszeit nichts. Anderseits sind wir viel größer als wir meinen, weil in jedem und jeder von uns das unergründliche Geheimnis des Kosmos gegenwärtig ist. Wir verkörpern es mit unserer Existenz auf unsere ganz persönliche, einzigartige Weise.

Was also ist der Mensch in diesem Kosmos? Blaise Pascal sagt es in aller Kürze: Der Mensch ist ein Nichts gegenüber dem All – und ein All gegenüber dem Nichts.

Auf den Punkt gebracht:

- *Der Mensch ist wortwörtlich Sternenstaub.*
- *Wir tragen das Weltall auch in uns.*
- *Durch uns denkt das Universum über sich nach.*

34
Wenn die Lichter ausgehen

Mit bloßem Auge sind in einer mondlosen Nacht gut zweitausend Sterne zu sehen. Sie gehören alle zur Milchstraße. Die Astronomen können mit ihren leistungsstarken Teleskopen noch wesentlich weiter blicken und Sterne anderer Galaxien beobachten.

Große Teile des Weltalls bleiben aber im Dunkeln, weil das Licht seit dem Urknall noch nicht genügend Zeit hatte, die Erde zu erreichen. »Das ist, wie wenn Sie auf hoher See den Mast eines Schiffs erklettern«, sagt der Kosmologe Martin Rees (* 1942): »Sie sehen nur bis zum Horizont, müssen aber annehmen, dass sich der Ozean dahinter sehr viel weiter erstreckt.« Immerhin: Mit jedem Jahr sehen wir ein Lichtjahr tiefer in den Weltraum.

Doch selbst der sichtbare Teil des Alls enthält vorwiegend Unsichtbares. Die bekannten Himmelskörper wie Sterne und Planeten machen nach Modellrechnungen nur gerade fünf Prozent der im Universum vorhandenen Materie und Energie aus. Die restlichen 95 Prozent bleiben wortwörtlich im Dunkeln. Sie bestehen aus *Dunkler Materie* und *Dunkler Energie,* die weder Licht reflektieren noch aussenden. Was sich dahinter verbirgt, weiß niemand. Aber die Wirkungen lassen sich beobachten: Die Dunkle Energie treibt mit ihrer abstoßenden Kraft die Expansion des Alls voran, während die Dunkle Materie mit ihrer Anziehungskraft die Galaxien zusammenhält.

Und schließlich wabern *Schwarze Löcher* durch die Finsternis. Sie entstehen, wenn ein besonders massereicher Stern in sich zusammenstürzt. Dabei bildet sich ein extrem kompaktes Objekt, dessen Schwerkraft wie ein kosmischer Staubsauger alles verschlingt, was sich in der Umgebung befindet. Nichts kann ihm je wieder entkommen, weder Materie noch Licht.

Soviel Dunkelheit wirkt unheimlich, vielleicht auch gruselig. Die Menschen haben die Dunkelheit immer gefürchtet. Sie weckt tiefliegende Ängste vor Chaos, Untergang und Tod. Oft wird sie auch mit dem Bösen gleichgesetzt. Demgegenüber verspricht das Licht Befreiung und Erlösung, Klarheit und Erkenntnis. Allzu viel Licht kann allerdings auch blenden, was im Extremfall dazu führt, dass gar nichts mehr zu sehen ist und es wieder vollkommen dunkel wird.

Entscheidend für uns ist die richtige Mischung. Auch da haben wir riesiges Glück: Unser Planet ermöglicht sie. Licht und Finsternis sind so aufeinander abgestimmt, dass das Leben sich entfalten kann. Es beginnt in der Dunkelheit und strebt zum Licht, bleibt aber weiterhin auf den schützenden Mantel der Nacht angewiesen. Auch die Seele braucht unausgeleuchtete Zonen, wo nicht alles bereits klar ist, wo es noch Mysterien gibt und Überraschungen. Oft suchen Menschen die Dunkelheit bewusst auf, um einem inneren Licht auf die Spur zu kommen. »Himmlischer als jene blitzenden Sterne dünken uns die unendlichen Augen, die die Nacht in uns geöffnet«, heißt es in den *Hymnen an die Nacht* von Novalis.

Die Dunkelheit ist ebenso erschreckend wie faszinierend. Wer sich auf sie einlässt, wird sie nicht nur fürchten, sondern auch lieben lernen. Rainer Maria Rilke ist so vertraut mit ihr, dass er sie sogar mit Du anspricht: »Du Dunkelheit, aus der ich stamme, ich liebe dich mehr als die Flamme, welche die Welt begrenzt.« Das Licht der Flamme macht sichtbar, was sich in ihrem Umkreis befindet; die Dinge erhalten Konturen und damit auch Grenzen. Die Dunkelheit aber kennt keine Grenzen. Sie verwebt alle Erscheinungen zu einem Ganzen. In der Finsternis der Nacht ist alles eins. Die Dunkelheit verweist auf die unaussprechliche letzte Wirklichkeit. »Mein Gott ist dunkel«, bekennt Rilke.

Beim Blick zum nächtlichen Himmel sind es nicht allein die Sterne, welche uns vom Absoluten erzählen. Es sind auch die weiten, dunklen Räume zwischen ihnen. Wer in ihre unergründlichen Tiefen eintaucht, wird mit Rilke, diesem Liebhaber der Nacht, sagen können: »Da wächst die Seele mir …«. Oder einfach schweigen.

∾

Auf den Punkt gebracht:

- *Der Weltraum ist weitgehend dunkel.*
- *Die Dunkelheit hütet manch ein Mysterium.*
- *In der Finsternis ist alles eins.*

∾

35
Stern unseres Lebens

Alle Geburt ist Geburt aus Dunkel ans Licht«, schreibt der Naturphilosoph Friedrich Wilhelm Schelling (1775–1854): »Das Samenkorn muss in die Erde versenkt werden und in der Finsternis sterben, damit die schönere Lichtgestalt sich erhebe und am Sonnenstrahl sich entfalte.« Die warm leuchtenden Strahlen der Sonne wecken Leben. Sie locken hervor, was im Dunkeln verborgen liegt, und vertreiben die Schatten der Nacht.

Die Sonne, Stern unseres Lebens, unsere Lichtspenderin und Energiequelle. Im All ist sie eigentlich nichts Besonderes. Ein durchschnittlicher, eher kleiner Stern am Rande einer unbedeutenden Galaxie. Für uns ist sie aber doch etwas sehr Besonderes. Ihr Abstand zur Erde ist exakt so bemessen, dass ihr Licht und ihre Wärme uns in einer optimalen Dosierung erreichen.

Die Sonne ist ein Stern der dritten Generation seit dem Urknall. Entstanden ist sie vor ungefähr 4,5 Milliarden Jahren aus den Überresten ihrer Vorgänger, die sich in eine Wolke aus Gas und Staub aufgelöst hatten. Diese Wolke begann immer schneller zu rotieren und zog fast alle Materie in ihr Zentrum, bis es zu einer nuklearen Reaktion kam: Ein neuer Stern wurde geboren, die Sonne, in der deutschen Sprache weiblich, in romanischen Sprachen männlich. Eine glühend heiße, leuchtende Gaskugel, die laufend Energie erzeugt und diese als Licht- und Wärmestrahlung ins All schickt. Nach 150 Millionen Kilometern und einer Reisezeit von acht Minuten trifft dieses Energiepaket auf der Erde ein.

Nach der Geburt der Sonne blieben noch kleine Mengen von Staub und Gas übrig, die in einer diskusförmigen Scheibe um die Sonne kreisten. Aus diesen Resten bildeten sich allmählich die Steinplaneten Merkur, Venus, Erde und Mars und deutlich weiter von der Sonne entfernt die Gasplaneten Jupiter, Saturn, Uranus und Neptun. Dazu Zwergplaneten wie Pluto, planetenähnliche Steinklumpen (Asteroiden), Kugeln aus Eis und Gestein (Kometen) sowie Brocken aus Gestein und Metall (Meteoroiden). Wenn ein Meteoroid in die Erdatmosphäre eindringt und dabei verglüht, schießt ein leuchtender Streifen über den Himmel – eine Sternschnuppe (Meteor lautet der Fachbegriff, und falls dieser noch auf der Erde einschlägt, heißt er Meteorit).

Mit ihrer Schwerkraft hält die Sonne die Planeten auf ihrer Bahn und verhindert so, dass diese ziellos durchs Weltall taumeln. Im Vergleich zur Sonne sind sie deutlich kleiner, die Erde erweist sich sogar als eigentlicher Winzling. Man kann sich die Sonne als Orange vorstellen und die Erde als Sandkorn, das in einer Entfernung von rund zehn Metern um die Orange kreist.

Ohne die Sonne wären wir nichts. Wenn sie uns zu nahe käme, wären wir ebenfalls nichts. Sie ermöglicht Leben, sie kann aber auch tödlich sein. Ihr Feuer wärmt und verbreitet Licht – doch es kann auch verbrennen und zerstören. Schon früh haben die Menschen die besondere Bedeutung der Sonne erkannt – und unsere Abhängigkeit von ihr. Sie haben sie erst als Gottheit verehrt, später als Symbol für das Göttliche gedeutet.

In einer Vision soll der heilige Benedikt (480-547) in einem einzigen Sonnenstrahl die ganze Welt gesehen haben. »Die Welt wurde vor seinen Augen in eines zusammengefasst«, wie sein Biograf Papst Gregor berichtet.

Mit ihrem Licht und ihrer Wärme nährt die Sonne Körper und Seele. Friedrich Nietzsche wanderte in den Schweizer Bergen, um Licht zu trinken. Man kann das Bild auch ganz wörtlich nehmen: Jeder Tropfen Wein enthält Sonnenkraft. Wie auch das Salatblatt, ein Baum oder das Papier, auf dem diese Zeilen stehen. Überall ist die Sonne gegenwärtig. Auch im menschlichen Herzen.

Die Tatsache, dass die Sonne treu jeden Morgen am Himmel aufsteigt und uns einen neuen Anfang ermöglicht, stimmt zuversichtlich. Da mögen die Schatten der Nacht noch so schwer lasten – die ersten Sonnenstrahlen verkünden die Chance eines Neubeginns. Sonnenkraft ist Hoffnungskraft.

Zwei Männer aus Chelm, einer polnischen Stadt, die im jüdischen Humor für allerlei Dummheiten herhalten muss, unterhielten sich über die Frage, ob die Sonne wohl wichtiger sei als der Mond. Der eine meinte, das treffe zu, schließlich sei sie größer und heller. Der andere aber entgegnete: »Da täuschst du dich gewaltig. Der Mond ist doch viel wichtiger. Ohne sein Licht wäre es nachts so dunkel, dass man nichts mehr sehen könnte. Aber am Tag, wenn die Sonne scheint, ist es sowieso hell.«

Wenden wir uns also dem Mond zu.

Auf den Punkt gebracht:

- *Die Sonne ist ein eher kleiner Stern.*
- *Für uns aber ist sie die Größte.*
- *Sonnenkraft heißt: Hoffnung und Neuanfang.*

36
Trost vom Mond

Die Begrüßung war etwas seltsam, doch bald hat sich zwischen der Erde und ihrem unmittelbaren Nachbarn eine stabile Freundschaft entwickelt. Und das kam so: Vor rund vier Milliarden Jahren ist ein Brocken so groß wie der Mars mit der Erde zusammenprallt. Aus dem Material beider Körper, das dabei weggeschleudert wurde, bildete sich der Mond, der seither als trockene, kalte Gesteinskugel um die Erde kreist.

Diese gewaltige Kollision war für uns ein Glücksfall. Der Mond tut der Erde ausgesprochen gut. Er stabilisiert die Neigung ihrer Achse, sodass sie nicht durch die Anziehungskraft anderer Planeten aus dem Gleichgewicht kippt und durch das Weltall torkelt. Die Stabilität der Erde ist die Voraussetzung für den Wechsel der Jahreszeiten und ein einigermaßen ausgeglichenes, lebensfreundliches Klima.

Mit seiner Anziehungskraft verlangsamt der Mond zudem die Geschwindigkeit der Erdumdrehung, sodass Tag und Nacht eine optimale Dauer erreichen. Auch beschützt er unsern Planeten vor dem Beschuss durch Meteoriten. Kurz: Ohne den Mond wäre hier kein Leben möglich.

Als »das kleinere Licht, das über die Nacht herrscht«, wird der Mond in der biblischen Schöpfungsgeschichte bezeichnet. Im Unterschied zur Sonne ist er nicht Quelle, sondern Spiegel des Lichts. Auch ist er einem Prozess dauernder Veränderung unterworfen: Er nimmt zu und wieder ab, während die Sonne ihre runde Gestalt bewahrt. Damit verkörpert er den Wechsel von Entstehen und Vergehen, von Geburt und Tod.

Im Mond spiegeln sich die Rhythmen des Lebens. Die alte Kirche hat deshalb eine eigentliche Lunartheologie entwickelt. Nach ihr ist die Sonne das Symbol Gottes, während der Mond den Menschen symbolisiert, der das göttliche Licht empfängt. Der Mond muss ganz leer werden, um das Licht aufnehmen zu können. Er verliert allen Glanz, wird blass und dunkel, um neu die Leuchtkraft des Lichtes zu gewinnen. Weder Neumond noch Vollmond dauern ewig. Sie wechseln ab, und die meiste Zeit überlagern sich beide Zustände in unterschiedlichen Gewichtungen. Im Leben der Menschen ist es nicht viel anders.

Mit seiner Anziehungskraft bringt der Mond das Meer in Bewegung. Er hebt und senkt im rhythmischen Wechsel die Ozeane, das ewige Wechselspiel von Ebbe und Flut. Auch daran ist eine menschliche Grunderfahrung abzulesen: Es gibt Situationen, wo einem buchstäblich das Wasser bis zum Hals steht. Doch dann kommt mit Sicherheit der Moment, wo die Flut sich wieder zurückzieht und das überschwemmte Land freigibt. Das verspricht der Mond.

Und der Mond tröstet. Matthias Claudius (1740–1815) hat eines der schönsten deutschen Abendlieder geschrieben: »Der Mond ist aufgegangen, die goldnen Sternlein prangen, am Himmel hell und klar ...« Claudius ist mehrmals mit dem Verlust eines nahen Menschen konfrontiert worden. Über seinem Leben lag der traurige Schatten des Todes. Der Mond schenkte ihm neue Hoffnung: »Seht ihr den Mond dort stehen? Er ist nur halb zu sehen und ist doch rund und schön!«

Claudius' jüngerer Dichterkollege Clemens Brentano (1778–1842) fand beim Anblick des Mondes jene Ruhe,

die er in seinem ebenfalls von Schicksalsschlägen ge-
zeichneten Leben schmerzlich vermisst hat:

»Singet leise, leise, leise,
singt ein flüsternd Wiegenlied;
von dem Monde lernt die Weise,
der so still am Himmel zieht.
Singt ein Lied so süß gelinde,
wie die Quellen auf den Kieseln,
wie die Bienen um die Linde
summen, murmeln, flüstern, rieseln.«

Auch Goethe (1749–1832) pries die stille Kraft des Mondes:

»Füllest wieder Busch und Tal
Still mit Nebelglanz,
Lösest endlich auch einmal
Meine Seele ganz.«

Der Mond ist ein großer Schweiger. Von ihm geht eine
wohltuende Ruhe aus. Er verlangsamt nicht nur die Erdumdrehung, er beruhigt auch das menschliche Herz.

~

Auf den Punkt gebracht:
- *Der Mond ist das Ergebnis eines heftigen Zusammen-
stoßes.*
- *Er hält die Erde im Gleichgewicht und beruhigt sie.*
- *Im Mond spiegeln sich Grundrhythmen des Lebens.*

~

Stille Schönheit: Im Vordergrund sind die flachen Ringe des Planeten Saturn zu sehen, im Hintergrund die beinahe geschlossene Si-
chel des Saturn-Mondes Titan und rechts unten der kleine Saturn-
Mond Enceladus. Die NASA nennt diese mit einer Raumsonde
gemachte Aufnahme »Candle in the dark – Kerze in der Dunkelheit«.
(Bild: NASA)

37
Der Klang der Welt

Saturn, der Planet mit den charakteristischen Ringen, ist ein Sänger. Eine Raumsonde hat seinen Gesang aufgezeichnet und zur Erde geschickt. Saturns Töne entstehen durch die Rotation um die eigene Achse und durch elektromagnetische Strahlung. Die einen erinnern an den Gesang von Delfinen, die anderen an ein schlagendes Herz. Auch die Sterne singen. Sie vibrieren und senden damit Schallwellen aus. Für das menschliche Ohr sind diese sphärischen Klänge zwar nicht direkt zu hören, doch Astronomen können sie mit ihren Messgeräten nachweisen.

Das Universum klingt. Was Wissenschaftler heute messen können, haben die Weisen früherer Zeiten geahnt. Nach den Veden, den ältesten schriftlichen Zeugnissen der indischen Kultur, schwingt und klingt das ganze All, vom kleinsten Staubkorn bis zum mächtigsten Stern: *Nada Brahma* – die Welt ist Klang. Von besonderer Bedeutung ist dabei der heilige Urlaut *OM*. In ihm treffen Himmel und Erde zusammen. Nach der Bibel steht der Klang des göttlichen Wortes am Anfang aller Dinge. Augustinus meint, dass die Schöpfung sich in Musik vollziehe und die Welt ein einziges Lied sei.

Der griechische Philosoph und Mathematiker Pythagoras (500–411 v.Chr.) hat Parallelen festgestellt zwischen den Umlaufbahnen der Planeten und den Klangverhältnissen auf einer gespannten Saite. Pythagoras nahm an, dass die Bewegungen der Himmelskörper Töne erzeugen, welche in Harmonie zusammenklingen.

Daraus schloss er, dass für die Astronomie dieselben Gesetzmäßigkeiten gelten müssen wie für die Musik. Er sprach von einer Sphärenmusik und deutete die himmlischen Klänge als Hinweis, dass der ganze Kosmos einer göttlichen Ordnung folgt.

Die Idee der Sphärenharmonie ist von der Antike bis in die frühe Neuzeit weiterverfolgt worden. Fast zweitausend Jahre nach Pythagoras hat der Astronom Johannes Kepler (1571–1630) sein Werk *Harmonices Mundi* (Weltharmonik) vorgelegt, das einen harmonisch geordneten Kosmos beschreibt. Während Pythagoras und seine Schüler noch überzeugt waren, dass die himmlischen Klänge physische Realität sind, vom menschlichen Ohr aber nicht gehört werden können, ging Kepler nun von einem nicht akustischen Zusammenhang aus. Die Planetenbewegungen sind nach ihm durch Zahlenverhältnisse bestimmt, wie sie sich in den Harmonien der Musik finden. Auf der Grundlage seiner wissenschaftlichen Beobachtungen hat er das Bild einer harmonisch aufgebauten Weltenordnung entworfen.

Bei soviel Harmonie stellt sich natürlich die Frage, woher all die Missklänge stammen, welche die Geschichte des Universums von Anfang an begleiten und die Harmonie gelegentlich empfindlich stören. Jedenfalls relativieren sie den schönen Gedanken einer großen Weltharmonik. Offensichtlich gehören auch Disharmonien zum kosmischen Konzert, und vielleicht wird erst im Kontrast zu ihnen deutlich, wie schön eine perfekte Harmonie sein kann.

Heute weiß man, dass jeder physikalische Vorgang, vom Kreisen der Planeten bis zum Tanz der Atome und Moleküle, einer mathematischen Ordnung folgt, die den Verhältniszahlen der Obertonreihen entspricht. Obertöne entstehen als Schwingungswellen aus den Grundtönen. Sie werden auch bei der kosmischen Hintergrundstrahlung registriert – »Musik der Schöpfung«, wie ein Wissenschaftler sagt.

Schließlich behauptet die *String-Theorie*, dass die allerkleinsten Bestandteile des Kosmos, noch einmal viel kleiner als die Elementarteilchen, unvorstellbar winzige Fädchen aus Energie sind, die wie Saiten (englisch: *strings*) unaufhörlich vibrieren. Aus diesen Schwingungen ist nach der String-Theorie alles entstanden. So wie die Saiten eines Instruments Musik erzeugen, erschaffen die schwingenden Strings unsere Wirklichkeit. Sie bringen das All zum Klingen und kreieren die große Sinfonie namens Universum. Brian Greene (* 1963), einer der bekanntesten Stringtheoretiker, kommt deshalb zum Schluss, der Kosmos sei »nichts als Musik«.

Die String-Theorie ist eine ausgeklügelte mathematische Konstruktion, experimentell nicht überprüfbar und unter Wissenschaftlern noch umstritten. Ob sie nun zutrifft oder nicht: Tatsache bleibt, dass Schwingungen, Klänge und Rhythmen die kosmischen Räume durchziehen.

Kann es sein, dass wir Menschen deshalb so empfänglich sind für Musik? Weil sie uns einstimmt in das große kosmische Konzert? Weil sie die Seele berührt und uns verbindet mit der Schwingung, die alles Seiende durchpulst? Und wenn ja: Machen wir diese Musik? Oder ist es umgekehrt: Macht die Musik uns?

Letztlich kommen alle Klänge aus der Stille. Und in die Stille kehren sie wieder zurück. Gut möglich, dass eine Musik der Stille, die weder Harmonien noch Disharmonien kennt, den wahren Hintergrund dieser Welt bildet.

Auf den Punkt gebracht:

- *Das Universum klingt.*
- *Nach alten Mythen entsteht die Welt aus dem Klang.*
- *Die Stringtheorie behauptet: Die Welt ist Musik.*

Unter einem guten Stern:
Der blaue Planet –
und warum er
so besonders ist

Wahrlich, wahrlich, ich sage euch,
Himmel und Erde sind sich gleich.
Spricht der Himmel: Werde!
Da grünt und blüht die Erde.

Clemens Brentano

38
Wo wir zu Hause sind

Wo leben wir? Im Mittelpunkt der Welt, dachten die Menschen lange Zeit. Sie stellten sich die Erde zuerst als Scheibe vor, die von einem Urozean umspült wird. Später setzte sich allmählich die Vorstellung einer Kugelgestalt durch. Um diese Kugel schien sich alles zu drehen, zeigte doch die Beobachtung des Himmels, dass Sonne, Mond und Sterne auf ihren Kreisbahnen die Erde umrunden. Das musste auch so sein, schließlich hatte Gott den Menschen in die Mitte des Universums gesetzt. Dieses geozentrische Weltbild stammt aus dem alten Griechenland und wurde später von Claudius Ptolemäus (2. Jahrhundert n. Chr.) für Jahrhunderte festgeschrieben.

Es gab allerdings schon früh auch andere Kosmologien, welche die Sonne ins Zentrum stellten. Das wohl älteste heliozentrische (sonnenzentrierte) Modell wurde vor zweieinhalbtausend Jahren von den Sehern der indischen Veden entworfen, welche die Erde zusammen mit den anderen Planeten auf einem Gewinde um die Sonne kreisen ließen. Vielleicht hat diese Vorstellung auch jene wenigen griechischen Philosophen beeinflusst, die bereits in der Antike entgegen der herrschenden Meinung ein heliozentrisches Weltbild vertraten. Sie fanden aber kaum Gehör.

Erst viele Jahrhunderte später, mit Anbruch der Neuzeit, konnte diese Auffassung sich gegen den heftigen Widerstand der Kirche durchsetzen. Nikolaus Kopernikus (1473–1543), Galileo Galilei (1564–1642) und Johannes Kepler (1571–1630) wiesen nach, dass die Erde sich auf einer Kreisbahn um die Sonne bewegt. Damit wurde der Mensch definitiv aus der Mitte der Welt vertrieben. Sigmund Freud (1856–1939) spricht von einer »kosmologischen Kränkung«.

Es kam aber noch schlimmer. Als die Fernrohre und Teleskope stärker wurden und die Astronomen immer tiefer ins All schauen konnten, stellten sie fest, dass auch die Sonne nicht der Mittelpunkt ist, sondern bloß ein kleiner, unbedeutender Stern am Rande der Milchstraße – einer von über hundert Milliarden. Die Milchstraße wiederum ist nur eine von mehr als hundert Milliarden Galaxien. Und falls dieses Universum nicht das einzige sein sollte, werden die Räume noch einmal sehr viel größer. Da versinkt die Erde, einst stolzer Mittelpunkt der Welt, beinahe in der Bedeutungslosigkeit.

Eine Besonderheit hat sich dieser dritte Planet des Sonnensystems aber bewahrt: Er leuchtet blau-weiß. Die Ozeane und Wolken schenken ihm dieses Kleid und schaffen auch die Voraussetzung für den kostbarsten Schatz, den die Erde mit sich trägt: Leben. Mitten in einem kalten, lebensfeindlichen Universum beherbergt sie Gänseblümchen, Schmetterlinge, Apfelbäume, Elefanten und Menschen. Und diese Gäste haben es in sich: Schon ein winziges Insekt ist weitaus komplexer gebaut als ein mächtiger Stern.

Die Erde ist bis heute der einzige bekannte Planet, der Leben zulässt. Es ist zwar gut möglich, dass noch anderswo im All Leben existiert. Höhere Lebensformen dürften aber extrem selten sein. Wegen der riesigen Distanzen haben wir ohnehin kaum eine Chance, Lebewesen auf anderen Planeten kennenzulernen. Trotzdem senden die Astronomen Signale ins All und hoffen, einmal von Außerirdischen eine Antwort zu erhalten. Wir wären dann nicht mehr ganz so allein im Universum.

Dass die Erde nicht den Mittelpunkt der Welt bildet, muss uns Erdenbürger heute nicht mehr kümmern, schließlich wissen wir unterdessen, dass der Weltraum gar keine Mitte kennt.* Und ist es nicht erstaunlich, was die Bewohner eines kleinen Planeten am Rande eines unbedeutenden Sonnensystems alles über das große Universum herausfinden? Mit der Kraft ihres Geistes können sie ihre natürlichen Begrenzungen überschreiten und aufbrechen, um die Welt bis in die hintersten Ecken zu erforschen. Es mag ein Zufall sein, hat aber durchaus symbolische Bedeutung, dass die großräumige Struktur des Universums praktisch die gleichen Bilder ergibt wie die neuronalen Netzwerke im menschlichen Gehirn. Die Verwandtschaft zwischen dem Menschen und dem Universum ist offensichtlich.

Als Vertriebene aus der Mitte der Welt entdecken wir heute, dass ganze Welten sich in uns befinden. Hier liegt die wahre Größe des kleinen Menschen.

~

Auf den Punkt gebracht:

- *Der Mensch ist aus der Mitte des Alls vertrieben worden.*
- *Leben ist im Universum die ganz große Ausnahme.*
- *Die wahre Größe des kleinen Menschen ist sein Geist.*

~

* Vgl. vorne S. 41.

39

Die Geburt der Erde

Die Natur ist die erste Heilige Schrift. Bis heute lesen die Menschen in ihr, lassen sich von ihr berühren und verzaubern. Der Mystiker Bernhard von Clairvaux (1090–1153) betrachtet die Natur als seine große Lehrerin: »Was ich weiß über die heiligen Wissenschaften und die ehrwürdigen Schriften, habe ich gelernt in den Wäldern und auf den Äckern. Ich hatte keine anderen Lehrmeister als die Buchen und die Eichen.«

Dass Buchen und Eichen uns etwas vom großen Geheimnis dieser Welt erzählen können, ist keine Selbstverständlichkeit. Die knorrigen Gesellen brauchen einen Ort, wo sie sich niederlassen können. Sie brauchen fruchtbaren Boden, Licht und Wasser. Einer der ganz wenigen, vielleicht sogar der einzige dafür geeignete Ort in diesem gigantischen Universum ist die Erde. Sie ist vor etwa 4,5 Milliarden Jahren zusammen mit dem Sonnensystem entstanden.

Die Erde musste durch einen langen und oft auch stürmischen Verwandlungsprozess, bis sie Bäumen, Käuzchen und Menschen Gastrecht bieten konnte. Zu Beginn war sie eine glühende Kugel aus flüssigem Gestein. Im Verlaufe der Jahrmillionen kühlte sie allmählich ab. Ihre Oberfläche erstarrte zu einer dünnen, harten Kruste, die in mehrere Stücke zerbrach. Die tektonischen Platten entstanden, die auf dem geschmolzenen Gestein des Erdmantels schwimmen. Wasserdampf stieg auf und Regen setzte ein, begleitet von Blitz und Donner. Ein gewaltiger Wolkenbruch, der mehrere zehntausend Jahre anhielt (und wir schimpfen schon über einen einzigen Regentag!). Dabei bildeten sich Seen, Meere und ein Urozean, der schließlich fast die ganze Oberfläche der jungen Erde bedeckte.

Als der große Regen nachgelassen hatte, geriet die Oberfläche in Bewegung. Verschiebungen der Platten führten zu heftigen Erdbeben. Landmassen stiegen aus dem Urmeer auf. Im Verlauf von etwa zwei Milliarden Jahren gewann die Erde ihre heutige Gestalt. Der Kern, ein Gemisch aus Nickel und Eisen, wird von einem dicken, flüssigen Mantel umhüllt und das Ganze von einer hauchdünnen Gesteinskruste eingepackt. Auf dieser Kruste leben wir.

Gelegentlich erinnern Erdbeben und Vulkanausbrüche an die gewaltigen Kräfte, die in der Tiefe der Erde schlummern. Doch die Welt unter unsern Füßen ist uns nicht zugänglich. Hier herrschen eine dermaßen große Hitze und ein so gewaltiger Druck, dass die stärksten Bohrmaschinen nach den ersten paar Kilometern in die Tiefe wegschmelzen würden.

Wir kennen das Innerste der Erde nicht, wir kennen das Äußerste des Alls nicht, aber wir haben das unwahrscheinliche Glück, hier sein zu dürfen. Hier auf der Erde ist alles exakt so eingerichtet, dass wir leben können, zusammen mit den Buchen und den Eichen. Rainer Maria Rilke sagt es in seinen *Duineser Elegien* ganz schlicht: »Hiersein ist herrlich.«

Was das Hiersein so besonders macht, ist der Überschuss an Kreativität und Schönheit auf diesem Planeten. Nicht alles, was die Natur hervorbringt, dient einem bestimmten Zweck. Die verschwenderische Fülle an Formen, Farben und Düften lässt sich evolutionsbiologisch nur bedingt erklären. Die Schönheit der Natur geht über das hinaus, was für das Überleben und die Weiterentwicklung erforderlich wäre. Offensichtlich gilt nicht allein das Nützlichkeitsprinzip. Gut so. Auch wir Menschen möchten ja nicht bloß nützlich sein, und unsere schönsten Seiten sind nicht immer die nützlichsten.

Die Natur ist eine Künstlerin. Manchmal vermag die Schönheit der Erde sogar auf die tiefsten Fragen des Menschen zu antworten. Der heilige Augustinus erzählt davon: »Ich fragte die Erde, ich fragte die Abgründe des Meeres, ich fragte die lebenden Tiere, alles was kreucht. Ich fragte den säuselnden Wind, ich fragte die Himmel, die Sonne, den Mond, die Sterne ... Meine Frage war mein auf sie gerichteter Blick. Ihre Antwort war ihre Schönheit.«

Als blau schimmernder Planet zieht die Erde durch die dunklen Weiten des Alls. Nach der *Gaia-Hypothese* der Biologin Lynn Margulis (* 1938) und des Chemikers James Lovelock (* 1919) ist sie wie ein lebendiger Organismus zu betrachten, der sich ständig weiterentwickelt. Der Name Gaia kommt von der Erdgöttin der alten Griechen. Nachdem die Erde während Jahrhunderten wie ein lebloses Objekt behandelt worden ist, gibt ihr die Gaia-Hypothese ihre Würde zurück. Sie erinnert an die Heiligkeit dieses Planeten und an unsere Verbundenheit mit ihm.

Als der US-Astronaut Edgar Mitchell (* 1930) vom Mond aus die Erde betrachtete, sah er Gaia: »Plötzlich taucht hinter dem Rande des Mondes in langen zeitlupenartigen Momenten von grenzenloser Majestät ein funkelndes blauweißes Juwel auf, eine helle, zarte, himmelblaue Kugel, umkränzt von langsam wirbelnden weißen Schleiern. Allmählich steigt sie wie eine kleine Perle aus einem tiefen Meer empor, unergründlich und geheimnisvoll. Du brauchst eine kleine Weile, um ganz zu begreifen, dass das die Erde ist ... unsere Heimat. Mein Blick auf unseren Planeten offenbarte mir einen Schimmer des Göttlichen.«

Auf den Punkt gebracht:

- *Urgewalten formten während Jahrmillionen die Erde.*
- *Das Ergebnis ist ein Planet, der Leben ermöglicht.*
- *Die Erde ist ein lebendiger, kreativer Organismus.*

Die Erde steigt über dem Horizont des Mondes auf: Diese Aufnahme hat die Crew des ersten bemannten Fluges zum Mond an Weihnachten 1968 gemacht. Astronaut Jim Lovell: »Von hier aus gesehen ist die Erde eine grandiose Oase in der weiten Wüste des Weltalls.« *(Bild: NASA)*

40
Das Experiment Leben

Spät, sehr spät sind wir gekommen, sozusagen im allerletzten Moment. Wenn die 4,5 Milliarden Jahre alte Geschichte der Erde auf einen einzigen Tag umgerechnet wird, dann taucht der moderne Mensch erst wenige Minuten vor Mitternacht als neue Art auf. Er hat es aber geschafft, in diesen paar Minuten das Antlitz der Erde dermaßen zu verändern, dass diese sich im Spiegel kaum wiedererkennen würde. Ein ziemlich ungebührliches Benehmen von Gästen, die so spät eintreffen. Aber die Erde ist geduldig. Vorläufig noch.

Dass es im Universum überhaupt Leben gibt, ist eine Sensation. Schließlich herrschte während Jahrmilliarden rohe Gewalt: Kernexplosionen, katastrophale Zusammenstöße, höllische Gluten und starre Eiseskälte. Und dann auf einmal: Leben! Auf einem kleinen Planeten, der während Jahrtausenden von gewaltigen Unwettern und Erdbeben geschüttelt, von Wasserfluten, Sturmwinden und Feuerwänden gepeitscht wurde, bis er schließlich zur Ruhe kam.

Das Experiment Leben hätte leicht schief gehen können. Unzählige Bedingungen mussten dafür erfüllt sein. Nur eine minimale Abweichung, und es gäbe weder Bücher noch Leser, weder Freude noch Freunde, weder Amseln noch Ameisen. Doch es kam alles genau richtig: Die Temperatur war nicht zu kalt und nicht zu heiß, die Atmosphäre enthielt die richtige Mischung aus Stickstoff und Sauerstoff, und es gab Wasser. Ein kosmischer Volltreffer.

Die Geburtsstätte des Lebens ist wahrscheinlich der Urozean, der ursprünglich die ganze Erde bedeckt hat. In ihm bildeten sich aus einfachen chemischen Verbindungen die Rohstoffe des Lebens und schließlich, vor knapp vier Milliarden Jahren, die ersten primitiven Lebensformen. Nach Ansicht der Wissenschaftler sind sie die Folge einer Reihe zufälliger chemischer Reaktionen. Naturgesetze und Zufall wirkten bei der Entstehung des Lebens Hand in Hand.

Mit dem Übergang von unbelebter Materie zu lebendigen Organismen wurde ein völlig neues Kapitel in der Geschichte der Evolution aufgeschlagen. Wo kam der zündende Funke her? Was ermöglichte die Transformation vom Leblosen zum Lebendigen? Wir wissen es nicht. Der erste Moment in der Geschichte des Lebens bleibt ein Geheimnis. Wie bei der Evolution des Kosmos kommt die Forschung auch bei der Evolution des Lebens extrem nahe zum entscheidenden Punkt, mit dem alles begann. Aber sie erwischt ihn nicht.

Zuerst manifestierte sich das Leben in Gestalt einer mikroskopisch kleinen Bakterie. Von ihr stammen sämtliche Lebewesen ab. Allerdings dauerte es ganze zwei Milliarden Jahre, bis die ersten einzelligen Organismen mit Zellkern erschienen. Allein dieser Entwicklungsschritt nahm die Hälfte der gesamten Zeitspanne des Lebens auf der Erde in Anspruch. Eine Jahrmilliarde später folgten die mehrzelligen Lebewesen und erste Vertreter von Tierstämmen, die noch heute existieren: Würmer, Quallen, Schalentiere und Fische.

Vor etwa 400 Millionen Jahren wagten die ersten Lebewesen den Schritt an Land. Schritt ist vielleicht das falsche Wort, die ersten Festlandbewohner waren Pflanzen und Insekten. Ihnen folgten die Amphibien, die ursprünglich von Fischen abstammten. Von diesen führte die Entwicklung zu den Reptilien, welche die Erde während Jahrmillionen dominierten. In ihrem Schatten wuchsen die Säugetiere und Vögel heran, die sich aber erst richtig entfalten konnten, als die Vorherrschaft der Reptilien mit dem Aussterben der Dinosaurier zu Ende ging. Ganz am Schluss dieser Geschichte, vor gut zwei Millionen Jahren, erschien als kosmischer Nachzügler der Mensch. Bis zum heutigen Menschen, dem Homo sapiens, dauerte es allerdings noch länger, unsere Art gibt es erst seit ungefähr 200 000 Jahren.

Auf der Bühne des Lebens herrscht ein ständiges Kommen und Gehen. Mehr als 99 Prozent aller Tier- und Pflanzenarten, die es je auf der Erde gegeben hat, sind wieder verschwunden. Sie konnten sich nicht an neue Lebensbedingungen anpassen oder wurden von besser angepassten Arten verdrängt. Einige sind auch über Nacht ausgelöscht worden.

Katastrophen haben in der Evolution jeweils neue Entwicklungsschübe eingeleitet. Vor 65 Millionen Jahren führte der Einschlag eines Meteoriten zum Aussterben der Dinosaurier. Ohne dieses Drama würde heute noch Tyrannosaurus rex mit seinen Kumpanen über die Erde trampeln – und uns gäbe es wahrscheinlich nicht.

Warum sind wir eigentlich da? Ganze Bibliotheken sind dieser Frage gewidmet. Und doch kann sie nie abschließend beantwortet werden. Ein Buch, das in keiner Bibliothek zu finden ist, kann uns aber weiterhelfen: Das bereits erwähnte Buch der Natur, die erste Heilige Schrift der Menschheit. Wer in ihr zu lesen versteht, kommt dem Geheimnis des Daseins auf die Spur.

Der Physik-Nobelpreisträger und Wissenschaftstheoretiker Erwin Schrödinger (1887–1961) hat die Urlandschaft der Berge durchstreift und dabei erlebt, wie diese ihn auf die Frage aller Fragen verweist. Als er eines Abends auf einer Bank saß und sah, wie die letzten Sonnenstrahlen die schneebedeckten Bergkuppen, die schroffen Felsen und die sanften Hügel in ein mildes Licht tauchten, kam er ins Sinnieren: »All das, was dein Auge sieht, ist mit geringen Veränderungen lang vor dir da gewesen. Was ist's, das dich so plötzlich aus dem Nichts hervorgerufen, um dieses Schauspiel, das deiner nicht achtet, ein Weilchen zu genießen?«

Schrödinger, der wie so manche moderne Physiker der indischen Advaita-Philosophie nahestand, vermutete einen größeren Zusammenhang, aus dem heraus die individuelle Existenz zu verstehen ist. In der Vielfalt der Erscheinungen spiegelte sich für ihn das Eine und Absolute. Es gibt keine Trennung zwischen dem Einzelnen und dem Ganzen: »Du bist alles in allem. Darum ist dein Leben nicht ein Stück nur des Weltgeschehens, sondern das Ganze. So magst du dich hinwerfen auf die Erde, flach angedrückt an ihren Mutterboden in der Überzeugung: Du bist eins mit ihr und sie mit dir.«

Vielleicht ist das die Antwort auf unsere tiefsten Fragen. Eine Antwort, die aus drei Grunderfahrungen besteht: Verbundenheit, Staunen und Dankbarkeit. Diese Antwort erklärt nichts, aber wer sie erprobt, wird erleben, dass die Frage verschwindet. Es könnte also sein, dass die Antwort zutreffend ist.

~

Auf den Punkt gebracht:

- *Der Übergang von toter Materie zum Leben ist ein Mysterium.*
- *Auf der Bühne des Lebens herrscht ein Kommen und Gehen.*
- *Der Mensch ist eins mit der Erde und sie mit ihm.*

~

41
Was den kleinen Menschen groß macht

Ein Rabbi spazierte mit seinem Schüler über die Felder, als dieser beiläufig ein Blatt von einem Zweig riss. Der Rabbi erschrak und sprach zu seinem Gefährten: »Glaube mir, wenn ich dir sage, dass ich nie einfach ein Blatt oder einen Grashalm abreiße, wenn es nicht sein muss. Jede Pflanze singt ein Lied und atmet das Mysterium der Schöpfung.« Im Kommentar zu dieser chassidischen Geschichte heißt es: »Zum ersten Mal verstand der junge Schüler, was es bedeutet, der ganzen Schöpfung gegenüber Mitgefühl zu zeigen.«

Es ist kaum möglich, im Buch der Natur zu lesen, ohne davon berührt zu werden. Was die Erde hervorgebracht hat, ist überwältigend. Sie brauchen nur eine Handvoll Erdboden aufzuheben, und schon tragen Sie bis zu zehn Milliarden Tierchen, Pilze und Bakterien – mehr Lebewesen, als es Menschen auf diesem Planeten gibt. Diese Mikroorganismen bereiten permanent den Boden auf, indem sie Abfallstoffe in fruchtbare Erde verwandeln. Ohne ihre Arbeit wäre unser Planet unbewohnbar. Sie tragen das Lied der Schöpfung durch die Zeiten und sorgen dafür, dass es nie verklingt.

Folgt man dem zweiten und älteren biblischen Schöpfungsbericht, dann wurde auch der Mensch aus dem Erdboden geformt. Der hebräische Name *Adam* heißt übersetzt *der von der Erde genommene Mensch*. Der Mensch ist ein Erdling. Auch wenn dieses Bild nicht wörtlich zu nehmen ist, enthält es doch eine tiefe Wahrheit: Um sich zu bewegen, braucht der Mensch die

Nährstoffe des Bodens ebenso wie seine beiden Beine. Um atmen zu können, ist er auf den Wald ebenso angewiesen wie auf seine Lunge. Das Wasser des Flusses ist für seinen Körper ebenso wichtig wie der Kreislauf des Blutes. Und die Sonne für sein Wohlbefinden ebenso unentbehrlich wie das Herz.

Mit dem Menschen hat die Evolution geistbegabtes Leben hervorgebracht, das über sie nachdenken kann. Im Menschen schlage die Natur ihre Augen auf und entdecke sich selber, meint der Philosoph Schelling. Damit eröffnet sich eine neue Ebene: Zur kosmischen und biologischen Evolution kommt die geistige Evolution. Alle drei Entwicklungsstränge sind untrennbar miteinander verbunden. Der Übergang von der Materie zum Geist bedeutet dabei einen eigentlichen Entwicklungssprung: Der Geist wirkt zwar mit der Materie zusammen, ist aber eindeutig nicht materiell. Er lässt sich nicht auf die Aktivitäten von Neuronen (Nervenzellen) im Gehirn reduzieren. Für das menschliche Bewusstsein gibt es keine materielle Erklärung.

Im Unterschied zu allen anderen Lebewesen verfügt der Mensch auch über ein Bewusstsein vom eigenen Ich. Er kann über sich selber nachdenken. Und er kann sein Ich überschreiten und die großen Zusammenhänge von Leben und Sterben erkennen. Ichbewusstsein und Transzendenzbewusstsein zeichnen ihn aus. Nicolaus Cusanus formuliert es in einem kleinen Gebet so: »Und es hörte dich, Gott, die Schöpfung, und dieses Hören war das Werden des Menschen.«

Derselbe Mensch ist allerdings heute auch in der Lage, die Erde dermaßen auszuplündern, dass er damit seine eigenen Lebensgrundlagen zerstört. Eine von kurzfristigen Interessen angestachelte Gier gefährdet das ökologische Gleichgewicht. Das Abenteuer Mensch droht böse zu enden. Bereits warnen Experten, dass die Menschheit verschwinden könnte, wenn der Raubbau an der Natur ungebremst weitergeht. Das komplexeste Wesen der Natur, das wir kennen, hätte dann seinen eigenen Untergang heraufbeschworen. Wir wären weg, und zwar für immer.

Möglicherweise übernimmt dann ein anderes Lebewesen unsere Rolle als Träger des Bewusstseins. Der französische Zoologe Théodore Monod (1902–2000) sieht in hochentwickelten Weichtieren des Meeres wie Polypen und Tintenfischen potenzielle Nachfolger. Sie besitzen die biologischen Voraussetzungen für einen Durchbruch des Bewusstseins. Es ist denkbar, dass sie im Verlaufe von Jahrmillionen einmal an Land ziehen, es besiedeln und allmählich eine Zivilisation aufbauen. Vielleicht entdecken sie dann seltsame Spuren, welche auf eine verschwundene Kultur hindeuten. Kann es sein, werden sie sich fragen, dass vor uns schon ein bewusstes Wesen hier war?

Und der Wind, der als einziger die Antwort kennt, wird leise seufzen.

~

Auf den Punkt gebracht:

- *Eine Handvoll Erde enthält bis zu zehn Milliarden Lebewesen.*
- *Der Mensch ist ein mit Bewusstsein ausgestatteter Erdling.*
- *Vielleicht übernehmen einmal Tintenfische seine Rolle.*

~

42
Die Unendlichkeit in einem Sandkorn

Die Erdoberfläche wird heute mit Satelliten bis in die hintersten Winkel vermessen. Nichts entgeht dem Auge der elektronischen Messgeräte. Und doch zeigen sie nicht alles. Der Blick aus Distanz vermag nicht alle Einzelheiten zu erfassen. Geht man näher heran, dann erweisen sich die vielfältigen Strukturen der Erdoberfläche als höchst komplex. Der Mathematiker Benoît Mandelbrot (1924–2010) hat es am Beispiel der Küste Großbritanniens aufgezeigt: Die zerklüftete Küstenlinie wird immer länger, je genauer man sie misst.

Bei einer relativ groben Messung, von einem Flugzeug oder Satelliten aus, werden kleinere Buchten und Felsvorsprünge verschluckt. Nimmt man ein Boot und fährt dem Ufer entlang, kann man auch diese Dellen erfassen, was die gemessene Gesamtlänge bereits erhöht. Schreitet man die Küste zu Fuß ab, wird die Messung noch präziser und die Länge nimmt weiter zu. Je kleiner der Maßstab, umso mehr Einzelheiten werden erfasst. Und das kann theoretisch endlos so weitergehen. Selbst die Kieselsteine und Sandkörner weisen höchst komplexe Strukturen mit unzähligen Unregelmäßigkeiten auf, die allerdings niemand mehr messen kann. Bei immer kleinerem Maßstab tendiert die Länge der britischen Küstenlinie gegen unendlich.

Mandelbrot hat noch eine weitere Entdeckung gemacht: Jede einzelne Klippe weist von Nahem betrachtet wiederum das gleiche Maß an Krümmungen und Einbuchtungen auf wie die Küstenlinie. Selbst wenn man sich an einen mikroskopisch kleinen Abschnitt heranzoomt, ergibt sich dasselbe Bild. Als ob die Küste sich in immer kleineren Spiegeln abbilden würde. Dasselbe Phänomen ist bei den rauen Strukturen von Bergen, Pflanzen, Bäumen, Wolken und Galaxien zu beobachten.

Lange ging man davon aus, dass etwas Kompliziertes dadurch erklärt werden kann, dass man es in immer kleinere Einheiten zerlegt, um schließlich die einfachsten Bestandteile zu finden. Nun sind aber viele Strukturen in der Natur von einer Unregelmäßigkeit, die sich nicht auf etwas Einfaches reduzieren lässt. So weisen die Nerven eines Blattes ähnliche Formen auf wie die Verästelungen des Zweiges. Und die Verästelungen des Zweiges haben wiederum die gleiche Struktur wie der Baum als Ganzes. Dasselbe gilt auch für die Geometrie eines Blumenkohls: Je näher man die einzelnen Röschen betrachtet, um so ähnlicher werden sie dem ganzen Kohl.

Doch vielleicht mögen Sie Kohl nicht. Wir können stattdessen auch ein Sandkorn nehmen. Auch ein solches Körnchen enthält einen ganzen Kosmos. Es ist ein dermaßen differenziertes Gebilde, dass es nie bis in alle Einzelheiten erkannt und erklärt werden kann. Im Sandkorn gelten die gleichen Gesetzmäßigkeiten wie im Universum, was Einstein zur Bemerkung verleitet hat, wer alle Eigenschaften eines Sandkorns kenne, habe das gesamte Universum erforscht.

Diese Begegnung mit der Unendlichkeit im Allerkleinsten hat der englische Naturmystiker William Blake (1757–1827) in seinem berühmten Sandkorn-Gedicht auf vier Zeilen beschrieben:

»Um die Welt in einem Sandkorn zu sehen
und den Himmel in einer wilden Blume,
halte die Unendlichkeit auf deiner flachen Hand
und die Ewigkeit in einer Stunde.«

Die Beobachtung, dass selbst in den kleinsten noch
sichtbaren Strukturen der Natur das Ganze abgebildet
ist, legt die Vermutung nahe, dass auch der Mensch das
Abbild einer größeren Wirklichkeit sein könnte. Genau
das verkünden ja auch die heiligen Schriften der Weltreligionen.

Auf den Punkt gebracht:

- *Viele Strukturen der Natur verlieren sich im Unend-
lichen.*
- *Die Unendlichkeit ist nicht weit entfernt – sie ist hier.*
- *Selbst ein Sandkorn enthält ein ganzes Universum.*

Die Natur als Künstlerin: Der deutsche Zoologe Ernst Haeckel (1834–1919) hat die Kunstformen der Natur auf zahlreichen Zeichnungen festgehalten. Die hier abgebildeten Kammerlinge sind winzige einzellige Meeresbewohner mit einem Gehäuse aus Kalk oder organischer Substanz. Ihre Formen erinnern an ein Mandala.

43
Das Kreisen der Welt

Vom winzigsten Sandkorn bis zum mächtigsten Stern ist alles in Bewegung. Es gibt im ganzen All kein einziges Objekt, das sich in absoluter Ruhe befindet. Ob im Mikrokosmos der Atome oder im Makrokosmos der Galaxien – alles verändert sich von Moment zu Moment. Die Natur kennt keinen Stillstand. Immerhin hat sie es so eingerichtet, dass wir aller Unbeständigkeit zum Trotz doch ein einigermaßen beständiges Leben führen können.

Von der permanenten Unruhe im Kleinsten wie im Größten bekommen wir kaum etwas mit. Das nervöse Gewusel der Atome und Elementarteilchen bleibt uns vollkommen verborgen. Und die Bewegungen von Sonne, Mond und Sternen erscheinen aus der Distanz so ruhig und regelmäßig, dass sie uns einen ziemlich beständigen Eindruck vermitteln. In Wirklichkeit bewegen sich die Himmelskörper mit extrem hohen Geschwindigkeiten, aber das sehen wir nicht. Auch unser Heimatplanet rast durch das All – ohne dass wir etwas davon bemerken.

Auf ihrer Bahn um die Sonne legt die Erde jedes Jahr gut 940 Millionen Kilometer zurück. Mit uns als Fahrgästen. Dagegen sind die Kilometer, die wir auf der Erde selber zurücklegen, ein Klacks. Im Unterschied zu uns macht die Erde auch nie Pause. Wenn sich der Kreis schließt, setzt sie gleich zu einer neuen Runde an. Sie kreist und kreist und kreist, seit Jahrmilliarden. In einem festen Rhythmus, der in einer Welt dauernden Wandels ein gewisses Maß an Verlässlichkeit garantiert. Und während sie um die Sonne kreist, dreht sie sich auch noch um sich selber und schenkt uns so den rhythmischen Wechsel von Tag und Nacht. Allein durch diese Erdrotation kommen jeden Tag weitere 20 000 Kilometer dazu.

Da hat übrigens einmal ein Spaziergänger einen Betrunkenen beobachtet, der mit seinem Hausschlüssel in der Luft herumfuchtelte: »Was machst du da?« »Die Erde dreht sich und ich warte, bis mein Haus vorbeikommt.«

Und so wartet er noch heute. Die Erde aber bewegt sich weiter. Sie ist Teil einer ganzen Reisegruppe von Planeten, die unter der Leitung der Sonne um das Zentrum der Milchstraße kreisen. Und selbst die Milchstraße bleibt nicht, wo sie ist. Wie all die anderen Galaxien zieht sie ruhelos immer weiter durch das All. Das All selber wiederum dehnt sich mit wachsender Geschwindigkeit aus.

Da fliegen wir also pausenlos und mit atemberaubendem Tempo durchs Universum – und merken nichts davon! Sie können in aller Ruhe dieses Buch lesen, und falls Sie dabei einnicken (was ich nicht hoffe!) wird diese rastlose kosmische Raserei Sie gewiss nicht daran hindern. Es ist wie beim Zugfahren: Solange die Bahn gleichmäßig rollt, lässt sich gut dösen. Was uns weckt, sind Beschleunigungen oder Bremsmanöver. Die Erde aber bewegt sich immer mit der gleichen Geschwindigkeit, und ihre Anziehungskraft sorgt dafür, dass wir nicht ins All hinausgeschleudert werden. Sie hält treu an uns fest.

Haben Sie bemerkt, dass wir bereits wieder Hunderte von Kilometern weitergereist sind? Nein, natürlich nicht. Wir sind doch noch am gleichen Ort! Weil die Bewegung gleichmäßig verläuft und unsere ganze Umgebung sie mitvollzieht, bleibt für uns alles wie es ist. Nicht einmal unsere Haare fliegen durch die Luft, weil auch die Luft die Bewegung mitmacht.

So leben wir trotz rasender Veränderungen in einer einigermaßen stabilen und geordneten Welt. Wir reisen und ruhen gleichzeitig. Komfortabler könnte es nicht sein. Und wir brauchen dafür nicht einmal eine Fahrkarte. Die Erde nimmt uns gratis mit.

~

Auf den Punkt gebracht:

- *Die Erde reist mit uns unermüdlich durch das All.*
- *Wir legen in jeder Minute riesige Distanzen zurück.*
- *Und doch können wir ziemlich ruhig hier leben.*

~

44

Wie der Kosmos heilen kann

Der Mond kreist um die Erde, die Erde kreist um die Sonne, die Sonne kreist um das Zentrum der Milchstraße. Und der Mensch? Er kreist vor allem um sich selber. Das ist wahrscheinlich sein größtes Problem. Martin Luther (1483–1546) sagt, dass der Mensch »in sich selbst verkrümmt« ist, im lateinischen Originalton: »incurvatus in se ipsum«. Besser kann man es nicht ausdrücken. Wir alle sind mehr oder weniger in uns selbst verkrümmt.

Wege aus dieser Selbstverkrümmung gibt es viele. Die wichtigsten heißen Mitgefühl, Solidarität und Liebe. Aber auch Kunst, Philosophie und Spiritualität können dazu beitragen. Und dann der Blick in die Weiten des Alls: Wer die kosmischen Räume auf sich wirken lässt, kann das komische Ich nicht mehr so wichtig nehmen. Eine durchaus heilsame Erfahrung. Sie befreit aus der Verkrümmung ins eigene Ich und richtet uns wieder auf. Mit dem Blick zum Himmel und beiden Füßen auf der Erde finden wir unseren Ort.

Man könnte von einer kosmischen Therapie sprechen. Ein eindrückliches Beispiel dafür findet sich in der alttestamentlichen Hiob-Geschichte. Da wird ein guter, untadeliger Mensch ohne erkennbaren Grund vom Unglück verfolgt. Ein Schicksalsschlag nach dem anderen trifft ihn. Nach und nach verliert er alles: Sein Vieh, seine Knechte, seine Kinder, seine Gesundheit. Am Schluss sitzt er auf einem Aschenhaufen, pflegt seine Wunden und möchte sterben. Er ist am Boden zerstört.

Warum nur? Warum muss er so leiden? Hiob will es wissen. Seine Freunde reden auf ihn ein. Doch ihre belehrenden Antworten trösten ihn nicht. Er will keine Theorien und keinen billigen Trost, keine Rezepte und keine Ratschläge. Er will die Antwort auf seine Frage: Warum muss ich leiden?

Schließlich erscheint der Ewige selber in einem Wettersturm. Er versucht gar nicht erst, Hiobs Frage zu beantworten. Er lässt sie offen und macht etwas ganz anderes: Statt das Leid zu erklären, verweist er den geplagten Hiob auf die unermesslichen Dimensionen des Alls: Auf die Weite des Himmels und die Größe der Erde, auf die Sternbilder der Nacht und das Licht des Tages, auf die Tiefe des Meeres und die Kraft des Windes. Das soll Hiob betrachten, statt ständig um sich und sein Leiden zu kreisen.

Angesichts des schweren Unglücks, das Hiob getroffen hat, wirkt eine solche Belehrung zunächst befremdend. Hiob geht es wirklich schlecht, und er will den Grund für sein Unglück kennen. Die gewundenen Erklärungen seiner Freunde sind ihm kein Trost. Und jetzt kommt der- oder diejenige, der es eigentlich wissen müsste. Doch er oder sie lässt die Frage einfach stehen. Und die Antwort lautet, dass es – vorläufig? für immer? – keine Antwort gibt.

Aber dann geht es weiter. Der enge Raum, in dem Hiob fest sitzt, wird aufgebrochen. Die Sterne und die Wolken, die Erde und die Meere geraten ins Blickfeld. Damit eröffnen sich neue Horizonte. Das ist die kosmische Therapie. Sie befreit Hiob von der Fixierung auf sein Unglück und führt ihn aus der Enge seiner Not in die Weite einer neuen Freiheit.

Für den Schöpfungstheologen Matthew Fox (* 1940) ist diese Öffnung Umkehr und Heilung zugleich: »Von

Hiob lernen wir, dass die Kosmologie, das Schauen der Wunder und Schrecken des Universums, zu klarem Denken und Erkennen der Dinge in ihrer richtigen Perspektive führt – und auf diese Weise zur Umkehr.«

Die Frage nach dem Warum ist damit nicht beantwortet. Mit dieser Umkehr geschieht etwas anderes: Das Bewusstsein der kosmischen Dimensionen verleiht dem schwer verwundeten Hiob die Kraft, mit der offenen Frage zu leben. Und diese Kraft vermag ihn schließlich zu heilen.

Was Hiob erlebt hat, geschieht auch heute. Nach der Beobachtung von C. G. Jung (1875–1961) sind die größten und wichtigsten Lebensprobleme im Grunde genommen alle unlösbar. Aber sie können »überwachsen« werden, wie er bei seinen Patienten festgestellt hat, indem etwas Größeres ins Blickfeld gerät: »Durch diese Erweiterung des Horizonts verlor das unlösbare Problem an Dringlichkeit. Es wurde nicht in sich selbst logisch gelöst, sondern verblasste gegenüber einer neuen und stärkeren Lebensrichtung.«

Kosmologie ist auch eine Seh-Schule. Der Blick wird weit, eine größere Wirklichkeit zeichnet sich ab und die Seele kann aufatmen.

~

Auf den Punkt gebracht:

- *Erde, Mond und Sonne kreisen um etwas Größeres.*
- *Der Mensch kreist manchmal nur um sich selber.*
- *Kosmologie befreit aus der Selbstverkrümmung.*

~

45

Ein heiliges Ja

Ja sagen zur Welt, wie sie ist: So äußert sich die *Liebe zum Schicksal*, die *amor fati*, wie Friedrich Nietzsche sie postuliert. Das heißt nicht, dass die Welt gut ist, wie sie ist. Aber es heißt, die Welt in ihrer ganzen Unvollkommenheit anzunehmen. Erst dann wird es auch möglich, sie gegebenenfalls zu verändern. Es ist ein Ja der Annahme und nicht der Zustimmung. Nietzsche spricht von einem *heiligen Ja*. Es führt Schrecken und Schönheit zusammen und verbindet sie zu einem Ganzen. Es ermöglicht die Zuwendung auch zu den Dingen, von denen wir uns gerne abwenden. Und es berührt den Grund des Seins.

In der kosmischen wie auch in der biologischen Evolution gab und gibt es immer wieder fürchterliche Krisen. Erdbeben und Kriege, Vulkanausbrüche und Krankheiten, Überschwemmungen und nukleare Katastrophen. Da liegt eher ein zorniges Nein nahe (etwa beim Gedanken an all die Opfer, welche die Evolution bisher gefordert hat). Doch das Nein allein führt nicht weiter. Es braucht seine Fortsetzung im Ja. Umgekehrt hätte ein Ja ohne das vorangehende Nein kaum die erforderliche Tiefe. Es wäre – mit Nietzsches Begriff – kein heiliges, sondern ein oberflächliches Ja. Das Nein geht dem Ja voraus und ermöglicht es.

Nach dem Verlust der absoluten Bezugssysteme von Raum und Zeit (Relativitätstheorie) und der Vorstellung einer klar geordneten Welt (Quantentheorie) bleiben etliche Fragen offen. Auf diesem Hintergrund kann ein *heiliges Ja* nicht leichtfertig und schon gar nicht laut dahergesagt werden. Es wird eher geflüstert, zögernd vielleicht, als leise Hoffnung, als stille Zuversicht, aller Ungewissheit und allen Zweifeln zum Trotz.

Das *heilige Ja* verweist auf den tragenden Urgrund dieser Welt. Auf eine letzte Dimension alles Seienden. Es ist Ausdruck eines tiefen Vertrauens in die Sinnhaftigkeit der Welt, oder, wie Werner Heisenberg sagt, in den »hinter den Erscheinungen spürbaren Zusammenhang der Welt«.

Die Quelle eines solchen Vertrauens ist weniger die Gewissheit als vielmehr die Ahnung. In der Ahnung verbindet sich das Nachdenken mit der Intuition. Sie kann nicht gemacht werden, sie stellt sich ein. Darauf deutet bereits das deutsche Verb *ahnen* hin, das zunächst unpersönlich gebraucht wurde: Es ahnet mir. Will heißen: Es berührt mich etwas, ohne dass ich genau wüsste, was es ist und wie es heißt.

Für den Philosophen Schelling, der vor zweihundert Jahren schon manche Einsicht der modernen Naturwissenschaft vorweggenommen hat, manifestiert sich in der Ahnung ein höheres Wissen, dessen Träger nicht der Mensch ist, sondern das Universum: »Ich weiß nichts, oder mein Wissen, insofern es wirklich meines ist, ist kein wahres Wissen. Nicht ich weiß, sondern nur das All weiß in mir.«

Die Ahnung führt in Bereiche, die noch unerschlossen und weitgehend unbekannt sind. Sie bewegt sich leise. Sie greift nicht, sie tastet. Sie ruft nicht: So ist es! Sie flüstert: So könnte es sein. Und sie lässt im Hintergrund leise ein Ja erklingen, wo im Vordergrund das Nein schreit.

Gerade wo es um die letzten existenziellen Fragen geht – wo kommen wir her, wo gehen wir hin und was ist der Sinn? – sind wir mit dem Wissen am Ende. Nur die

Ahnung kann in ihrer wohltuend diskreten Art auf mögliche Zusammenhänge hindeuten. Und was sie uns mitteilt, darf wieder durch die Vernunft geprüft, angenommen oder verworfen werden.

Die Ahnung drängt sich nicht auf, sie erzwingt nichts und will nichts. Das macht sie zu einer guten Führerin durch die Räume der letzten Wahrheiten.

~

Auf den Punkt gebracht:

- *Die Liebe zum Schicksal anerkennt die Welt, wie sie ist.*
- *Das »heilige Ja« verweist auf den Ursprung von allem.*
- *Zum Ursprung führt nicht das Wissen, sondern die Ahnung.*

~

Was wirklich zählt:
Das Wunder des Lebens –
und das Glück der Liebe

Du musst das Leben nicht verstehen,
dann wird es werden wie ein Fest.
Und lass dir jeden Tag geschehen
so wie ein Kind im Weitergehen
von jedem Wehen
sich viele Blüten schenken lässt.

Rainer Maria Rilke

46
Der Strom des Lebens

Seit knapp vier Milliarden Jahren wird die Erde von Lebewesen bewohnt. Auf den verschlungenen Pfaden der Evolution sind im Verlaufe der Jahrmillionen unzählige Lebensformen entstanden und wieder verschwunden. Ob Tiere, Pflanzen, Pilze oder Mikroorganismen – die biologische Vielfalt ist unüberschaubar. Schätzungen zufolge leben heute etwa 30 Millionen Tier- und Pflanzenarten auf der Erde. Nur ein Bruchteil davon ist bekannt.

Eine biologische Art existiert im Schnitt vier Millionen Jahre. Menschen gibt es seit ungefähr zwei Millionen Jahren, nach statistischer Wahrscheinlichkeit sind wir also dabei, den zweiten Teil unserer Reise anzutreten. Das Ende rückt etwas näher, ist aber immer noch beruhigende zwei Millionen Jahre weit entfernt. Ohnehin sind Statistiken mit Vorsicht zu genießen. Die Natur ist erfinderisch und auch ziemlich launisch. Früher oder später wird sie uns wieder vertreiben.

Arten halten sich über große Zeiträume. Im Vergleich dazu kommen und gehen die einzelnen Vertreter einer Art in relativ kurzen Abständen. Es gibt Tierchen, die nur ein paar Stunden oder Tage leben, bestimmte Insekten etwa. Dem Menschen sind immerhin ein paar Jahrzehnte vergönnt, der Schildkröte noch etwas mehr und dem Mammutbaum gar ein paar Jahrhunderte. Doch irgendeinmal ist Schluss. Die Atome und Moleküle, welche sich zu einer bestimmten Lebensform zusammengefunden haben, fallen wieder auseinander – und bilden neue Formen.

Was allen Wechsel überdauert, ist das Leben selber. Es geht weiter. Bis heute ist noch kein einziges Lebewesen gefunden worden, das nicht von anderen Lebewesen abstammt. Leben entsteht nicht neu – Leben wird weitergegeben. Durch Sie wie durch mich fließt der Jahrmilliarden alte Strom des Lebens. Er zieht weiter, auch wenn wir einmal nicht mehr da sind.

Nur – was ist das eigentlich: Leben? Eine allgemein anerkannte Definition existiert bis heute nicht. In Lexika findet sich etwa folgende Beschreibung: Leben ist organische Materie, die sich selber reproduziert. Wichtigstes Merkmal ist der Stoffwechsel. Lebewesen nehmen Stoffe auf (Luft, Wasser, Nahrung), gewinnen daraus Energie und scheiden Abfallstoffe aus. Durch diesen Verwertungsprozess werden im Organismus Zellen gebildet und erhalten. Sie ermöglichen das Wachstum, die Bewegung und die Fortpflanzung. Schließlich steht alles Leben in einem ständigen Austausch mit der Umwelt.

Ist das alles? Nein. Damit kennen wir die wichtigsten biologischen Merkmale des Lebens – aber nicht das Leben an sich. Leben ist offensichtlich mehr. Was macht dieses Mehr aus?

Die Frage bleibt offen. Das Leben lässt sich nicht in Begriffe einfangen. Wer es zu erfassen versucht, greift ins Leere. Meister Eckhart meint, dass das Leben seinen Grund in sich selber hat und nicht weiter erklärt werden kann: »Wer das Leben fragte tausend Jahre lang: ›Warum lebst du?‹ – könnte es antworten, es spräche nichts anderes als: ›Ich lebe darum, dass ich lebe.‹« Keine Begründung, keine Erklärung. Das Leben lebt, weil es lebt. Und, so könnte man ergänzen: Es ist, was es ist.

Diese Freiheit von Erklärungen und Definitionen hat das Leben mit allen wesentlichen Grunderfahrungen gemeinsam. Auch die Liebe, das Glück oder der Schmerz sind nie ganz zu begreifen, aber immer wieder zu erfahren. Wer die Erfahrung macht, weiß worum es geht. Wer nur die Begriffe kennt, weiß es nicht.

Dass wir letztlich so wenig über das Wesen des Lebens wissen, ist kein Grund zur Traurigkeit. Wir können es trotzdem – vielleicht gerade auch deshalb – genießen. Meister Eckhart hat da einen einfachen Rat: Wer gefragt wird »Warum lebst du?«, soll nicht lange grübeln, sondern antworten: »Wahrlich, ich weiß es nicht. Aber ich lebe gerne!«

Auf den Punkt gebracht:

- *Lebewesen kommen und gehen, das Leben bleibt.*
- *Leben ist organische Materie, die sich selber reproduziert.*
- *Aber Leben ist noch mehr: ein Geheimnis, nie zu fassen.*

47
Alle unsere Verwandten

Ob Menschen, Tiere, Pflanzen, Pilze oder Mikroorganismen – alle Lebewesen haben gemeinsame Vorfahren. Sie gehören demselben Baum des Lebens an, der sich im Verlaufe von fast vier Milliarden Jahren immer weiter verzweigt hat. Alle Äste haben dieselbe Wurzel. Wenn wir vom Ast, auf dem wir sitzen, zu ihr hinunterklettern, sehen wir den Film der Evolution rückwärts laufen. Was dabei passiert, schildert der Biologe Richard Dawkins (* 1941): »Reihen Sie Ihre Mutter, Ihre Großmutter, Ihre Urgroßmutter, Millionen von Generationen ihrer Vorfahren aneinander. Jede dieser Generationen bleibt in ihrer Art. Und trotzdem, wenn Sie am Ende dieser imaginären Ahnenreihe ankommen, schütteln Sie einem Fisch oder einer Bakterie die Hand.«

Na ja, vielleicht haben Sie noch nie einem Fisch die Hand geschüttelt … Aber Tatsache bleibt: Die gemeinsame Herkunft verbindet den Menschen mit allen anderen Lebewesen und Lebensformen. Gemeinsam hat er mit ihnen auch einen Großteil der Erbinformationen sowie Merkmale wie Stoffwechsel, Wachstum und Fortpflanzung. Zudem ist alles Lebendige dem Prozess von Entstehen und Vergehen, von Geburt und Tod unterworfen.

In der Welt wimmelt es von Verwandten: Kamele, Katzen und Kohlköpfe sind unsere Cousins und Cousinen. Auch der Apfel, in den Sie genussvoll beißen, ist Ihr Verwandter. Ebenso der Wurm im Apfel. Und die Mücke, die Sie sticht. Verwandte können manchmal auch nerven.

»Alle unsere Verwandten«, beten die Lakota-Indianer bei ihren heiligen Ritualen. Verwandte sind alle Wesen, die leben, einmal gelebt haben oder noch leben werden: Die Menschen und die Ameisen, die Fische und die Vögel, die Gräser und die Bäume. Sie gehören alle dazu, mit ihnen teilen wir unsere Geschichte.

Franz von Assisi (1182–1226) hat diese Verwandtschaften bewusst gepflegt. Er hat Sonne und Mond als Geschwister angesprochen. Er hat mit den Blumen geredet, den Vögeln und Schnecken Predigten gehalten und sich um die Nöte der Menschen gekümmert.

Was uns mit allen Lebewesen verbindet, ist die gemeinsame Absicht, uns bestmöglich zu erhalten und zu entfalten. Das will die Beutelratte ebenso wie der Mensch oder der Ginsterstrauch. Um das zu erreichen, sind wir aufeinander angewiesen. Kein Lebewesen kann für sich allein existieren. Die Formel für das weltumspannende Netz des Lebens stammt vom Urwaldarzt Albert Schweitzer (1875–1965): »Ich bin Leben, das leben will, inmitten von Leben, das leben will.«

Die Einsicht in die wechselseitige Verbundenheit und Abhängigkeit begründet Schweitzers Ethik der *Ehrfurcht vor dem Leben*. Ich und du und sie und er und es – wir gehören zusammen, haben gemeinsam Anteil am Mysterium des Lebendigen. »Und du vertiefst dich ins Leben, schaust mit sehenden Augen in das gewaltige, belebte Chaos des Seins, dann ergreift es dich plötzlich wie ein Schwindel. In allem findest du dich wieder … überall, wo du Leben siehst – das bist du!« Diese Sichtweise erweitert die Selbstwahrnehmung: Ich bin mehr als mein isoliertes Ich. Ich bin eine Welle im großen Strom des Lebens. Verbunden mit allem, was ist.

Albert Einstein, Zeitgenosse von Schweitzer, hat das gespürt. Als bei ihm ein lebensgefährliches Aneurysma in der Unterleibsaorta diagnostiziert wurde (an dem er dann auch gestorben ist), bemerkte er: »Ich fühle mich so solidarisch mit allem Lebenden, dass es mir einerlei ist, wo der Einzelne anfängt und aufhört.«

Wo fängt der Einzelne an? Wo hört er auf? Die Grenzen sind fließend, weil das Einzelne nur dank des Ganzen ein Einzelnes sein kann. Ohne Wurzel, Stamm und Äste kann ein Baum keine Blätter tragen.

Auf den Punkt gebracht:

- *Unser ältester Vorfahre ist eine Bakterie.*
- *Alle Lebewesen sind miteinander verwandt.*
- *Verbundenheit ist ein Grundmuster des Lebens.*

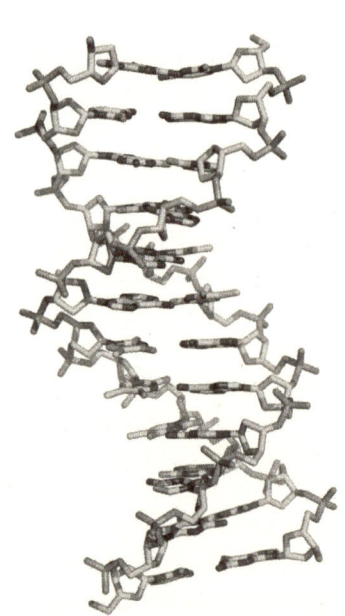

Drehbuch des Lebens:
Ein DNA-Molekül. Es steckt im Kern unserer Zellen und enthält deren Regieanweisung. Die DNA ist wie ein großes Buch, in dem die Zelle lesen kann, was sie zu tun hat. Die einzelnen Sätze heißen Gene. Das DNA-Molekül sieht aus wie eine gedrehte Strickleiter und ist ein kleines Kunstwerk der Natur.
(Bild: © mauritius images)

48
Eine ständige Wiedergeburt

Sie sind erst ein paar Jahrzehnte auf dieser Erde, die Grundbausteine Ihres Körpers aber sind Jahrmilliarden alt. In einer unüberschaubar großen Anzahl haben die Atome sich zusammengetan, um Sie ins Leben zu rufen. Sie hatten dafür keinen Plan und kein Muster, weil es Sie vorher noch nie gegeben hat. Die Atome wagten es einfach, sich zusammenzutun und gemeinsam den einzigartigen Menschen zu erschaffen, der Sie sind. Ein Experiment, gewiss, aber es hat sich doch gelohnt, oder nicht?

Seither kooperieren die atomaren Winzlinge, um Sie am Leben zu erhalten und Ihre Existenz über viele Jahre und Jahrzehnte zu ermöglichen. Warum sie auf eine solch konstruktive Weise zusammenwirken, ist wissenschaftlich nicht schlüssig zu erklären.

Die Atome sind bekanntlich ziemlich rätselhafte Gebilde. Sie verhalten sich manchmal so seltsam, dass sich nicht einmal die Forscher einen Reim darauf machen können. Wenn Sie sich selber ein Rätsel sind, was gelegentlich vorkommen mag, können Sie sich also damit trösten, dass schon die Grundbausteine Ihres Körpers eines sind.

Würden die Atome des menschlichen Körpers aneinandergereiht, ergäbe das ein beinahe endlos langes Band, das sich irgendwo in den Tiefen des Alls verlieren würde. Doch da Atome nun mal gesellig sind, stehen sie nicht in der Reihe, sondern verbinden sich zu Molekülen. Die Moleküle tun es ihnen gleich und verbinden sich zu Zellen. Zellen sind die kleinsten selbständigen Einheiten eines Lebewesens und organisieren den ganzen Stoffwechsel. Eine einzige Zelle enthält so viele Informationen wie eine ganze Bibliothek. Je nach Gewicht und Größe besteht der menschliche Körper aus etwa hundert Billionen Zellen. Jede Zelle erfüllt die ihr zugewiesene Aufgabe und stimmt zugleich ihre Tätigkeit mit allen anderen Zellen ab. Gemeinsam ermöglichen sie unsere Existenz.

Guten Tag, ihr lieben Zellen, schön, dass ihr so still und unbemerkt von früh bis spät für mich arbeitet, ohne jemals einen Dank oder ein Kompliment zu erwarten! Was hiermit schleunigst nachgeholt sei. Der Dank gilt natürlich auch den Molekülen und den unglaublich vielen Atomen, die ich jetzt nicht alle namentlich erwähnen kann. Sie kooperieren auf eine solch ausgeklügelte und sinnvolle Weise, dass ich sein kann.

Zellen werden in der Regel nicht alt. Die meisten lösen sich bereits nach ein paar Wochen wieder auf. Jede Minute sterben im menschlichen Körper etwa 30 Millionen Zellen ab und werden durch 30 Millionen neue ersetzt. Die Atome dagegen existieren praktisch ewig, werden aber laufend mit der Umgebung ausgetauscht. Wir durchlaufen so ständig den Prozess von Sterben und Geborenwerden. Der indisch-amerikanische Hirnforscher V. S. Ramachandran (* 1951) spricht in dem Zusammenhang von *Reinkarnation*. Als Wissenschaftler stellt er fest: Wir werden – rein biologisch gesehen – alle paar Jahre wiedergeboren.

Was während unserer Lebenszeit allen Wechsel überdauert, ist das Leben selbst, unser individueller »Bauplan« (die im DNA-Molekül gespeicherte Erbinformation) sowie das Bewusstsein. Die Atome, Moleküle und Nervenzellen unseres Gehirns haben in unserem Kopf vor langer Zeit einmal das Wort »Blume« geformt. Diese Materieteilchen sind unterdessen längst alle wieder verschwunden und durch neue ersetzt worden, das Wort »Blume« aber ist uns geblieben. Ein Wort ist eine geistige Wirklichkeit, und die ist für die Wissenschaft schwer zu erfassen. Was Geist und Bewusstsein ist, bleibt ebenso rätselhaft wie die Frage nach der Entstehung des Universums.

Irgendwann einmal, hoffentlich nicht zu früh, gehen die Atome Ihres Körpers endgültig auseinander und ziehen weiter. Für Sie ist dann leider Schluss. Nicht so für die Atome: Diese gehen neue Verbindungen ein, zeigen sich vielleicht im leuchtenden Gelb eines Löwenzahns, in der Feuchtigkeit eines Regentropfens oder im Hals einer Giraffe.

Und bestimmt auch im Herzen einiger Menschen.

~

Auf den Punkt gebracht:

- *Atome schließen sich zusammen, und das Ergebnis sind wir.*
- *Die Atome und Zellen unseres Körpers kommen und gehen.*
- *Wir werden biologisch alle paar Jahre wiedergeboren.*

~

49
Nichts geht verloren

Der menschliche Körper ist nicht bloß eine mit Atomen und Molekülen vollgestopfte Kiste. Er ist ein nach außen offenes System und befindet sich in ständigem Austausch mit seiner Umgebung. Er ist kein Ding, sondern ein lebendiger Prozess. Was ihn belebt, ist Energie, die er in Form von Nahrung, Wasser, Licht und Luft aufnimmt.

Nun könnte man sagen, dass der Mensch laufend Energie verbraucht, was aber nicht ganz stimmt: er verwandelt sie. Die Gesamtmenge der im Universum vorhandenen Energie bleibt nämlich immer gleich. Sie wurde mit dem Urknall freigesetzt und hat sich seither nie mehr verändert. Das besagt der *Energieerhaltungssatz*. Energie kann weder erschaffen noch vernichtet, sondern nur von einer Form in eine andere umgewandelt werden.

Energie zeigt sich in vielen verschiedenen Formen, zum Beispiel als Bewegungsenergie, Wärmeenergie, chemische oder elektrische Energie. Diese Formen wechseln, eine Energieform kann in eine andere übergehen. Wenn Ihnen zum Beispiel kalt ist und Sie sich die Hände reiben, verwandeln Sie Bewegungsenergie in Wärmeenergie. Energie kann sogar in Materie transformiert werden – und umgekehrt Materie in Energie. Einsteins berühmte Formel dafür lautet $E = mc^2$, Energie gleich Masse mal Lichtgeschwindigkeit im Quadrat. Materie ist konzentrierte Energie, Energie ist verdünnte Materie.

Schon zu Lebzeiten nehmen Sie nicht nur Energie in Form von Nahrung, Wasser oder Licht auf, sondern geben auch laufend Energie an Ihre Umgebung ab: Jeder Mensch strahlt Wärme aus. Diese physikalische Feststellung gilt selbst für Menschen, die auf uns kalt und verschlossen wirken: Auch sie strahlen. Mit Wärmebildkameras kann diese Strahlung gemessen werden. Sie besteht aus elektromagnetischen Wellen, die sich mit Lichtgeschwindigkeit bis ins All verbreiten. Wie viel Energie dabei umgesetzt wird, zeigt der Biochemiker Gottfried Schatz (* 1936) an einem sympathischen und zur Nachahmung empfohlenen Beispiel: »Halte die Hand eines Menschen und spüre ihre Wärme. Gramm für Gramm wandelt diese Hand 10 000 Mal mehr Energie um als die Sonne.«

Energie ist die Möglichkeit, physikalisch etwas zu bewirken: eine Arbeit zu verrichten, Wärme abzugeben oder Strahlung zu erzeugen. Dass Sie dieses Buch unter dem Schein einer Lampe lesen können, verdanken Sie einer Reihe von Energietransformationen, die von der Kernenergie der Sonne über einige Zwischenstationen zur elektromagnetischen Strahlung führt, welche diese Seiten beleuchtet. Auch das Buch selber besitzt übrigens Energie: Wenn Sie es loslassen, setzt es augenblicklich seine verborgene Kraft in Bewegungsenergie um und fällt zu Boden. Die potenzielle Energie des Buches entsteht durch Ihre Energie, die sich im Kraftaufwand für das Halten des Buches zeigt. Wenn Sie ihm diese Energie jetzt weiterhin zuführen und es nicht fallen lassen, freut dies den Autor.

Der Energieerhaltungssatz gilt für alle geschlossenen Systeme. Dazu gehört das Universum. Die Erde dagegen ist ein offenes System, deshalb können wir hier Energie gewinnen, aber auch verlieren. Die Rechnung geht erst im kosmischen Ganzen auf. Im Universum bleibt der Gesamtbetrag an Energie auf alle Zeiten immer gleich.

In einer Welt, die vom dauernden Werden und Vergehen bestimmt wird, ist eine solche Beständigkeit die große Ausnahme. Der Energieerhaltungssatz vermittelt einen Hauch von Ewigkeit: Die Energie, die in Ihnen lebendig ist, wird bis zum Ende des Universums – falls es je eines hat – bestehen bleiben. Mit ihr ist in Ihrem endlichen Leben etwas Unendliches gegenwärtig. Wenn es Sie schon lange nicht mehr gibt, gibt es immerhin noch Ihre Energie – beziehungsweise die Energie, die Ihnen für ein paar Jahrzehnte geschenkt worden ist. Ihre Hinterlassenschaft ist auch wohltuend neutral: Im Unterschied zur Esoterik gibt es in der Physik keine »gute« oder »schlechte« Energie, sondern einfach nur Energie.

Was aber passiert mit Ihrer Energie, wenn Sie einmal nicht mehr da sind? Sie zeigt sich in neuen Formen. In Bäumen, Wolken und Steinen. In Erdbeeren, Nashörnern und Menschen. Vielleicht auch in einer leuchtenden Sternschnuppe. Diese Gewissheit kann uns mit der Endlichkeit unserer Existenz versöhnen. Es geht etwas weiter. Der vietnamesische Zen-Mönch Thich Nhat Hanh (* 1926) macht sich das jeden Tag mit einer kleinen Meditation bewusst: »Tag für Tag betrachte ich alles um mich herum eingehend: die Bäume, die Berge, meine Freunde. In ihnen allen erkenne ich mich selbst, und ich weiß, ich werde nicht sterben. In vielen anderen Formen werde ich weiterleben.«

falsd zihierd! Solche Aussagen stammen eher von „Trittbrettfahrern".

Auf den Punkt gebracht:

- *Im Universum ist immer gleich viel Energie vorhanden.*
- *Energie wechselt aber laufend ihre Formen.*
- *Die in uns gespeicherte Energie wird nicht sterben.*

50
Atmen und Atman

Ein Atemzug genügt. Und schon haben Sie Milliarden von Atomen aus dem Universum aufgenommen. Uralte Bausteine dieser Welt, die sich bis in die hintersten Winkel Ihres Körpers verteilen und dafür sorgen, dass Sie leben können. Beim Ausatmen geben Sie ebenso viele Atome wieder ab. Diese werden von den Winden über die ganze Erde verbreitet.

Dieser Austausch kennt keine Grenzen, weder geographische noch zeitliche. Die Luft, die Sie einatmen, enthält Atome von Männern und Frauen aus allen Zeiten und Zonen. Vom ersten Menschen in der afrikanischen Steppe genauso wie vom Rüpel nebenan, den Sie irrtümlicherweise für den letzten Menschen halten. Die Luft verbindet sämtliche Lebewesen, lässt niemanden aus und gehört allen. Niemand kann sie für sich behalten, alle müssen sie weitergeben. Walt Whitman meint deshalb: »Jedes Atom, das mir gehört, gehört auch dir.« Und so unglaublich es klingt: Mit jedem Atemzug wandern auch Atome durch Ihren Körper, die einst Abraham, Buddha, Jesus und Mozart gehört haben. Eine aufregende Vorstellung!

Atmen Sie noch? Oder verschlägt Ihnen diese Tatsache buchstäblich den Atem? Atemberaubend ist dieses luftige Netz jedenfalls schon. Seine Dimensionen sind nicht zu fassen. Es spannt sich über die ganze Erde und erstreckt sich tief in den Himmel. Zudem reicht es Jahrmilliarden weit zurück in die Vergangenheit. Seine Moleküle und Atome wurden einst von explodierenden Sternen ins All geschleudert.

Der Atem bildet die Brücke zwischen innerer und äußerer Welt. Das Verb *atmen* ist sprachgeschichtlich verwandt mit dem Sanskrit-Wort *Atman*, was übersetzt *Seele* und *Hauch* bedeutet. Atman bezeichnet in der indischen Philosophie den unsterblichen Wesenskern eines Menschen, der identisch ist mit *Brahman*, dem Absoluten. Jeder Atemzug verbindet uns mit diesem Kern – in uns, aber auch in allen anderen Lebewesen.

In der Antike war die Vorstellung weit verbreitet, dass der Atem Träger der Seele ist. Für Atem, Geist und Seele wurde oft das gleiche Wort verwendet. Im Hebräischen heißt es *ruach*, im Griechischen *pneuma* und im Lateinischen *spiritus*. Die Juden dürfen Gottes Namen *Jahwe* nicht aussprechen und beschränken sich deshalb auf die vier Konsonanten JHWH. Diese sind möglicherweise dem menschlichen Atem nachgebildet, sodass atmen nichts anderes heißt als beten: JH beim Einatmen, WH beim Ausatmen.

Atmen ist mehr als ein Gasaustausch. Atmen ist praktizierte Spiritualität. Der Religionsphilosoph Romano Guardini (1885–1968) sagt: »Der Atem ist jener Rhythmus, worin der Mensch mit der Weite des Raumes, mit dem Meer der Luft, mit dem umgebenden Ganzen im Zusammenhang steht«.

Und Atmen ist Meditation: Die Konzentration auf das Ein und Aus der Atemluft ist eine wirkungsvolle Methode, um den aufgewühlten Geist zu beruhigen. Der Atemfluss muss dabei gar nicht verändert werden. Es genügt, ihn einfach zu beobachten. Die Luft kommt und geht, wie die Wellen der Meeresbrandung. Es gibt nichts zu tun, der Wechsel geschieht von allein. Wenn wir dem Atem zuschauen, ohne ihn irgendwie zu beeinflussen, dann spüren wir: Nicht *ich* atme – *es* atmet mich.

Ein und aus, ein und aus. Rund zwanzigtausend

Atemzüge sind es pro Tag. Zwanzigtausend Gelegenheiten, zur Ruhe zu kommen und sich mit den anderen Menschen, den Tieren und den Pflanzen, der Erde und dem Kosmos zu verbinden.

Manchmal liegt das Wesentliche direkt vor beziehungsweise unter unserer Nase.

~

Auf den Punkt gebracht:

- *Jeder Atemzug enthält Milliarden von Atomen.*
- *Diese Atome kommen aus allen Zeiten und Zonen.*
- *Atmen verbindet uns mit allem, was war, ist und sein wird.*

~

51
Das unsichtbare Netz

Niemand kann die Atemluft für sich behalten. Wer es versucht, wird schnell Probleme bekommen. Die Luft ist kein Privatbesitz. Sie muss laufend ausgetauscht werden. Alle Lebewesen sind an diesem Austausch beteiligt. Auch die Atome des eigenen Körpers gehören uns nicht. Sie kommen und gehen, bilden Formen und lösen sich wieder auf. Wir sind Noten im großen kosmischen Konzert.

»No man is an island«: Mit diesen Worten beginnt ein berühmtes Gedicht des englischen Dichterpriesters John Donne (1572–1631). »Kein Mensch ist eine Insel, begrenzt in sich selbst. Jeder Mensch ist ein Stück des Kontinents, ein Teil des Ganzen.« Im englischen Original hat der Satz eine doppelte Bedeutung: Donne schreibt *Island* nämlich ohne das s als *Iland:* Das kann als Eiland übersetzt werden – oder als Ich-Land.

Keiner und keine ist ein Ich-Land: Dies ist eine alte Weisheit. Sie wird heute durch die Naturwissenschaften bestätigt. Vom mikroskopisch Kleinen bis in die Weiten des Alls bildet die Welt ein Ganzes. Alles, was ist, steht in Wechselwirkung mit seiner Umgebung. Nichts kann für sich allein existieren. Vielmehr ist in diesem Universum alles mit allem auf eine subtile Weise verbunden.

Die Ahnung dieser Verbundenheit zieht sich wie ein roter Faden durch die Geschichte der Menschheit. Sie findet ihren Ausdruck in den Psalmen Davids, in der Lehre Buddhas, in der Poesie des Taoismus. Doch im abendländischen Denken ist diese kosmologische Einheits-Idee unter dem Einfluss der griechischen Philosophie durch eine dualistische Weltsicht abgelöst worden: Der Mensch steht der Natur gegenüber und macht sie zu einem Objekt, über das er nach Belieben verfügen kann. Geist und Materie erscheinen getrennt, wobei der Geist höhere Wertschätzung genießt als die Materie.

In dieser distanzierten Haltung hat die Wissenschaft die Natur erforscht und in immer kleinere Teile zerlegt. Die Annahme dabei lautete: Wenn wir wissen, wie jeder einzelne Teil funktioniert, dann kennen wir das Ganze. Doch mit Teilen, die beziehungslos nebeneinander existieren, lässt sich wenig erklären – weder der Teil noch das Ganze, weil beides aufeinander bezogen ist.

Die Fähigkeit zur Unterscheidung und zur Trennung ist eine große Errungenschaft der Evolution. Sie ermöglicht die Analyse und das kritische Denken. Wo aber das Ganze aus dem Blick gerät, geht der Zusammenhang verloren. Und wo der Zusammenhang fehlt, kann es auch keinen Sinn geben.

Doch mittlerweile zeichnet sich ein Perspektivenwechsel ab. Die Wissenschaftler beobachten, dass Phänomene, die voneinander getrennt schienen, in Wirklichkeit miteinander verbunden sind. Das beginnt schon mit Newton, der im Himmel die gleichen Gesetzmäßigkeiten festgestellt hat wie auf der Erde: Es ist dieselbe Kraft, welche einen Apfel zu Boden fallen und die Planeten um die Sonne kreisen lässt. Zweihundert Jahre später hat Einstein Raum und Zeit zur Raumzeit verknüpft. Und heute zeigt die Quantenphysik, dass Elementarteilchen keine isolierten Kügelchen sind, sondern flüchtige Erscheinungen in einem Geflecht von Beziehungen.

Beziehung ist ein Schlüsselbegriff zum Verständnis der subatomaren Vorgänge. Und da gibt vor allem ein Phänomen den Physikern heute Fragen auf: die sogenannte

Verschränkung. Experimente zeigen, dass zwei Teilchen, die einmal miteinander Kontakt hatten, für immer in Verbindung bleiben, selbst wenn sie Lichtjahre voneinander entfernt sind. Wird das eine Teilchen verändert, vollzieht das andere augenblicklich dieselbe Veränderung. Ihr Verhalten ist identisch, obwohl keine physikalisch nachweisbare Wechselwirkung zwischen ihnen stattfindet. Auf eine noch ungeklärte Weise gelingt es ihnen, räumliche und zeitliche Distanzen aufzuheben und trotz der Trennung verbunden zu bleiben. Die Wissenschaftler vermuten, dass große Teile des Universums seit dem Urknall miteinander verschränkt sind.

Und was heißt das für den Menschen? Es wäre denkbar, dass jeder Gedanke und jede Handlung irgendwo im Universum eine Resonanz auslösen. Damit würde zutreffen, was Starez Sossima in den *Brüdern Karamasow* von Fjodor Dostojewskij (1821–1881) lehrt: »Alles ist wie ein Ozean. Alles fließt und berührt sich. An einem Ende der Welt verursachst du eine Bewegung, und am anderen Ende hallt sie wider.«

Das lateinische Wort *Universum* heißt übersetzt *in eins gekehrt*. Am Anfang war alles eins. Diese ursprüngliche Einheit liegt bis heute allem Seienden zugrunde. Alles ist wie ein Ozean.

Es gibt Augenblicke, wo wir dies auch spüren. Vor allem in der Liebe. In seinem *Lied der Liebe* schreibt der Sufi-Poet Rumi (1207–1273): »Des Liebenden Herz ist angefüllt mit einem Ozean. In seinen rollenden Wogen wiegt sich sanft das All.«

Auf den Punkt gebracht:

- *Das Universum ist ein engmaschiges Netz von Beziehungen.*
- *Jeder Gedanke und jede Handlung lösen eine Resonanz aus.*
- *Alles ist wie ein Ozean; alles fließt und berührt sich.*

52
Eine ewige Liebesgeschichte

Der Mensch steht nicht am Ende der Evolution und ist auch nicht ihr Ziel. Er ist Mitspieler in einer großen Geschichte, die lange vor ihm begonnen hat und die ihn wohl noch lange überdauern wird. In kosmischen Zeiträumen gemessen ist der Auftritt der Menschheit eine vergleichsweise kurze Episode. Immerhin: Ein paar Millionen Jahre sind es schon.

Evolution ist ein fortlaufender Prozess. Er verläuft nicht geradlinig. Auch Umwege, Irrwege und Sackgassen gehören dazu. Die Entwicklung führt vom Einfachen zu einer zunehmenden Ausdifferenzierung. Aus dem Feuer des Anfangs erwachsen Sterne und Galaxien. Eine Sternengeneration löst die andere ab. Planeten und andere Himmelskörper gesellen sich dazu. Auf der Erde entstehen erste Formen von Leben, die sich über Jahrmillionen weiterentwickeln. Das Ergebnis ist eine verschwenderische Fülle von Pflanzen und Lebewesen. Und schließlich der Mensch. Sie und ich.

Wohin die Entwicklung führt, kann niemand sagen. Die Natur scheint kein bestimmtes Ziel zu verfolgen. Beim Blick zurück zeichnet sich aber eine Tendenz ab: Sie führt vom Teil zum Ganzen, vom Einfachen zum Komplexen. Laufend schließen sich einzelne Bausteine zu höheren Einheiten zusammen: Elementarteilchen verbinden sich zu Atomen, Atome zu Molekülen, Moleküle zu Zellen, Zellen zu Organismen. Jedes Mal bilden dabei zwei oder mehr Teile ein neues Ganzes.

In der Natur scheint ein kreatives Prinzip zu stecken,

das die Evolution vorantreibt. Eine Kraft, welche die einzelnen Elemente und Organismen dazu drängt, sich mit anderen zusammenzuschließen und das Eigene auf etwas Größeres hin zu überschreiten. Die neue Einheit, die dabei entsteht, ist mehr als die Summe ihrer Teile. Sie zeigt Merkmale, die in den Einzelteilen nicht vorhanden waren.

So besitzt ein Atom andere Eigenschaften als die Teilchen, aus denen es zusammengesetzt ist. Tut es sich mit anderen Atomen zusammen, entsteht wiederum etwas Neues. Wenn sich zwei Wasserstoffatome und ein Sauerstoffatom verbinden, bildet sich Wasser. Eine Eigenschaft des Wassers ist, dass es nass ist. Die Atome aber sind es nicht. Die Verbindung hat eine neue Qualität hervorgebracht. Dasselbe gilt für den Menschen, der alle Stufen der Evolution in sich trägt: Er ist offensichtlich mehr als bloß eine Ansammlung von Atomen und Molekülen, von pflanzlichem und tierischem Leben.

Und er will auch mehr. Er (respektive sie) will die Begrenzungen des Ichs überschreiten, um sich als Teil einer größeren Wirklichkeit zu erfahren. Nur so kann er sich selber sein. »Indem der Mensch sich vergisst, indem er sich selbst hinter sich lässt, in der Hingabe an eine Aufgabe oder an einen anderen Menschen, da wird er ganz er selbst«, schreibt der Existenzanalytiker Viktor Frankl (1905–1997). Sich vergessen, um sich zu finden: Ein solches Verhalten ist ausgesprochen gesund. Studien zeigen, dass Menschen, die nicht zu sehr mit sich selber beschäftigt sind, länger leben.

Die Tendenz zu Hingabe, Verbindung und Vernetzung steht im Gegensatz zum Mythos der modernen Zivilisation, nach dem allein Eigennutz und Konkurrenzkampf die Entwicklung vorantreiben. Zwar ist die Konkurrenz tatsächlich ein Motor der Evolution. Doch wenn sie das einzige Prinzip des Zusammenlebens wäre, ließen sich keine stabilen Ordnungen aufbauen. Konkurrenz belebt, aber sie spaltet auch und trennt.

Die Evolution zeigt, dass es ein übergeordnetes Prinzip geben muss: Die Kooperation. Sie ist der Kitt biologischer und sozialer Systeme. Bereits Bakterien stehen miteinander im Austausch und verbinden sich. Zoologen können nachweisen, dass Tiere sich nicht nur nach dem eigenen Nutzen ausrichten, sondern auch uneigennützige Verhaltensweisen zeigen. Ähnliches gilt für den Menschen: Neurobiologen beobachten, dass selbstloses Verhalten tief in uns verankert ist. Die Grenzen zwischen dem Ich und den anderen sind fließend und können sich vorübergehend sogar auflösen. Die Fähigkeit, sich in andere einzufühlen und mit ihnen zu kooperieren, ist – vor aller Ethik – bereits in der biologischen Natur des Menschen verankert.

Mit etwas Sinn für Romantik können wir die Evolution des Lebens als große Liebesgeschichte lesen. In diese Richtung weist die These von einer *Evolution der Liebe,* wie sie der Neurobiologe Gerald Hüther (* 1951) vertritt: »Im sogenannten ›Kampf ums Dasein‹ überleben nicht nur diejenigen, die ihre Konkurrenten ausstechen und sich damit auf Kosten anderer durchsetzen. Auf einer höheren Entwicklungsstufe überleben vor allem diejenigen, die besser als alle anderen zusammenhalten, weil sie durch ein gemeinsames Gefühl miteinander verbunden sind.«

Mit der Liebe ist es wie mit einem Stein, den man ins Wasser wirft: Sie zieht Kreise. Sie beginnt bei bestimmten Personen, die uns besonders nahe sind. Von da weitet sie sich aus auf andere Menschen, bekannte zunächst, dann auch unbekannte. Wer einem gestürzten Passanten wieder auf die Beine hilft, handelt nicht aus Eigennutz, sondern aus Liebe (wahrscheinlich ohne sich dessen bewusst zu sein). Wenn Menschen gefragt werden, warum sie in Krisensituationen ihr Leben riskiert haben, um einen anderen Menschen zu retten, dann lautet die Antwort meistens: Ich konnte nicht anders. Liebe kennt keine Grenzen.

Es kann sehr heilsam sein, die eigene Lebensgeschichte einmal als Liebesgeschichte zu lesen. Angefangen bei Ihren Liebsten, ohne die Ihr Leben kaum denkbar wäre. Dann beziehen Sie all die anderen Menschen ein, die Ihnen in irgendeiner Weise Gutes tun, vom Straßenkehrer um die Ecke bis zum Reisbauern in China. Auch Ihren Zahnarzt dürfen Sie ruhig dazuzählen. Je weiter Sie die Kreise ziehen, umso deutlicher wird, wie viele Menschen zu Ihrem Wohl beitragen. Es sind unzählige.

Dasselbe zeigt sich beim Blick zurück: Ohne die Liebe und die Hingabe Ihrer Eltern und Vorfahren wären Sie nicht hier. Und ohne all die Menschen, Pflanzen und Tiere, welche zum Wohl ihrer Vorfahren beigetragen haben, gäbe es Sie ebenfalls nicht. Schließlich hat auch das exakt zu unseren Gunsten abgestimmte Gleichgewicht der kosmischen Kräfte durchaus etwas Liebevolles, auch wenn dabei öfters der Zufall mitgespielt haben mag.

Wenn Sie diese Spur zurückverfolgen bis zum Anfang vor knapp 14 Milliarden Jahren, dann gelangen Sie zu diesem mysteriösen Punkt, mit dem die Geschichte des Universums beginnt. Er hat sich selber aufgegeben und damit einen ganzen Kosmos hervorgerufen. Dieser Punkt, der einmal alles war, hat sich ins All verschenkt. Und er ist bis heute überall gegenwärtig. In den Galaxien, Sternen und Planeten, in den Atomen, Molekülen und Kristallen, in den Pflanzen, Tieren und Menschen.

Es kann also sein, dass die Liebe die große kosmische Kraft ist. Beweisen lässt sich das nicht, die Liebe entzieht sich dem Zugriff der Forscher. Kein Wissenschaftler kann sie im Labor analysieren und vermessen. Was Liebe ist, wissen allein die Liebenden. Auch sie werden dafür kaum Worte finden.

Die Liebe bleibt die geheimnisvolle Urkraft dieser Welt. Sie vermag sogar Berge zu versetzen. Oder wie Dante Alighieri (1265–1321) in seiner *Divina Commedia* schreibt: »L'amor che muove il sole e l'altre stelle – Die Liebe bewegt die Sonne und die anderen Sterne.«

Auf den Punkt gebracht:

- *Die Evolution führt vom Teil zum Ganzen.*
- *Kooperation ist ein wichtiges Prinzip der Evolution.*
- *Die Liebe ist die Urkraft dieser Welt.*

Punctum

Ein Punkt steht am Anfang aller Dinge. Aus dem Nichts ist er aufgetaucht – alles hat er hervorgebracht. Ein Punkt ist etwas, das keine Teile hat: So lautet die über zweitausend Jahre alte und bis heute gültige Definition des griechischen Mathematikers Euklid. Geometrisch zeichnet sich ein Punkt dadurch aus, dass er keine Ausdehnung hat, also weder eine Fläche noch eine räumliche Dimension kennt. Ganz genau genommen kann es einen Punkt eigentlich gar nicht geben, zumindest nicht so, wie es einen Stuhl oder dieses Buch gibt.

Aus etwas, das es gar nicht geben kann, ist alles entstanden, was es gibt.

Doch das ist bereits höhere Mathematik. Im Alltag gibt es den Punkt durchaus, und er bewährt sich auch in vielen Lebenslagen. Ohne Schlusspunkt zum Beispiel würde dieses Buch nie ein Ende finden, und das möchte ich Ihnen doch ersparen.

Ich setze also einen Punkt. Aber nicht ohne noch einmal zurückzuschauen auf den Weg, den ich mit Ihnen gegangen bin. Ich sehe dabei Welten voller Rätsel und Geheimnisse. Welten, die sich ständig wandeln und doch mit äußerster Präzision aufeinander abgestimmt sind. Ich sehe ein Chaos, aus dem immer neu eine Ordnung, ein Kosmos hervorgeht. Ich sehe Sterne, die sich ins All hinein verschenken. Und ich sehe eine aus Sternenstaub geformte Erde, welche es wagt, in einem lebensfeindlichen Universum Leben hervorzubringen. Ich stelle fest, wie ein unglaublich fein austariertes Zusammenspiel von

Kräften und Energien unser Dasein hier und jetzt ermöglicht. Und ich staune.

Wer meint, die Welt bereits zu kennen, hat nicht genau hingeschaut. Wer genau hinschaut, kennt sie immer weniger. Grenzen des Wissens wie auch des grundsätzlich Wissbaren zeichnen sich ab. Und es bleiben Fragen, die vielleicht nie beantwortet werden können. Die Frage nach dem Anfang aller Dinge etwa. Die Frage nach der Natur des Lichtes und der Zeit. Oder die Frage nach dem Innersten der Materie. Bei all diesen Fragen geht die Physik nahtlos in die Philosophie über, deren Zweig sie ursprünglich auch war. Es geht um die maßgebenden Koordinaten unserer Existenz. Um unsere Welt, um unser Leben, um Sie und um mich. Und um den Sinn des Ganzen.

Sinn ergibt sich da, wo ein Zusammenhang erkennbar wird, und sei es auch nur in groben Umrissen. Die neue Physik lehrt ein Denken in Zusammenhängen. Ihre Sprache, die Mathematik, ist eine Beziehungssprache. Beziehung ist ein fundamentaler Aspekt der Wirklichkeit. Mikrowelt und Makrokosmos werden von Beziehungen bestimmt. Und natürlich auch wir Menschen. Das weitgespannte Netz von Beziehungen, vom winzigsten Teilchen bis zum mächtigsten Stern, verbindet die Welt zu einem Ganzen. Dieses Ganze ist mehr als die Summe seiner Teile, bleibt aber auf jeden einzelnen Teil angewiesen, um ganz sein zu können.

Auf den Menschen bezogen könnte das heißen: Wir sind Mitspielende in einer großen Geschichte, deren Drehbuch wir nicht kennen. Existiert es womöglich gar nicht? Ist es eine Geschichte, die von Moment zu Moment neu entsteht? Oder eine Mischung von beidem – Drehbuch und Improvisation, Notwendigkeit und Zufall? Wissen können wir es nicht, höchstens ahnen.

Die bange Frage dabei lautet, ob es uns, Sie und mich, in dieser Geschichte überhaupt braucht? Aus den wissenschaftlichen Daten lässt sich die Notwendigkeit unserer Existenz jedenfalls nicht ablesen. Im Gegenteil: Das Universum käme gut ohne uns aus, und unser persönliches Schicksal scheint ihm auch völlig egal zu sein.

Um die Frage zu beantworten, müssen wir nicht die Wissenschaft befragen, sondern das Herz. Es weiß mehr. Und es hat bekanntlich seine Gründe, die der Verstand nicht kennt. Das Herz wird sagen: Es ist gut, dass du da bist – diese Welt braucht dich.

Vielleicht nur das. Aber das genügt. Und sollten Sie dem eigenen Herzen zuwenig trauen, dann fällt Ihnen bestimmt ein Mensch ein, der genau dies von Ihnen denkt: Es ist gut, dass du da bist!

Setzen wir nun die Erkenntnis des Verstandes und die Botschaft des Herzens zusammen, ergibt sich die Feststellung: Wir sind nichtig und wichtig zugleich. Beides trifft hundertprozentig zu. Die Wahrheit liegt nicht in der Mitte zwischen nichtig und wichtig, sondern in der Erkenntnis, dass die beiden Sichtweisen sich ergänzen und zusammengehören.

Auch das Nichtige kann wichtig sein. Subatomare Partikel sind als isolierte Gebilde ziemlich unwichtig. Ihre Bedeutung ergibt sich aus dem Zusammenhang, in dem sie sich bewegen, aus dem Beziehungsgeflecht, in das sie eingebunden sind. Ähnliches lässt sich über die Buchstaben dieses Satzes sagen: Der einzelne Buchstabe ist für sich allein genommen nicht wichtig. Aber er ist ein unverzichtbares Glied im Ganzen des Satzgefüges. So könnte es schließlich auch mit uns sein: Jeder und jede ist ein Buchstabe in einem langen, sehr langen Text. Ohne diesen einen Buchstaben würde etwas fehlen und die Geschichte wäre nicht vollständig.

Ein alter Rabbi gab seinen Schülern einen einfachen Rat mit auf den Weg: Sie sollten immer zwei Zettel bei sich tragen und je nach Bedarf lesen. Auf dem einen soll stehen: »Ich bin Staub und Asche«. Und auf dem anderen: »Um meinetwillen ist die Welt erschaffen worden.« Diese zwei Sätze genügen für ein ganzes Leben. Sie immer wieder zu bedenken ist ein dauerndes Exercitium.

Ist das nicht ein guter Schlusspunkt? Gewiss, deshalb höre ich hier auf. Obwohl, genau genommen: Wer sich auf die letzten Fragen einlässt, sollte klugerweise auf einen Schlusspunkt verzichten. Denn alle Aussagen dazu sind unvollständig, flüchtig, vorübergehend. Unser Nachdenken über das Universum und über den Menschen, der sich in ihm betrachtet, wird nie an ein Ende kommen.

Ein Schlusspunkt passt also doch nicht so gut. Deshalb setze ich eine Reihe von Punkten, die zum Weiterdenken und Weitergehen einladen …………………………… ………… – und lasse Sie ziehen in diese ebenso rätselhafte wie wunderbare Welt.

Danke!

Die 52 Kapitel dieses Buches führen zur Feststellung: Die geheimnisvolle Urkraft dieser Welt ist die Liebe. Diese Urkraft hat mich beim Schreiben auch beflügelt: Das Buch ist in unzähligen Gesprächen mit meiner Frau Corina entstanden. Sie hat mich beraten, begleitet, betreut. Und sie achtet darauf, dass ich auch lebe, was ich schreibe (was nicht immer der Fall ist). Corina ist mein Stern, ein wundervolles Geschenk des Universums.

Zu danken habe ich auch dem Kreativitätsfonds der SRG für seine Unterstützung, der Benediktinergemeinschaft von Niederaltaich für die schöne Schreibklause, Willigis Jäger für sein Nachwort sowie Rudolf Walter und Karin Walter von den Verlagen Herder und Kreuz für die gute Zusammenarbeit.

Nachwort

von Willigis Jäger

Ein ungewöhnliches Buch. Ein faszinierendes Buch. Es versucht uns zu sagen, wer wir sind. – Wer sind wir? Ein Bündel von Atomen und Molekülen, die bereits in Millionen von anderen Menschen und Lebewesen existierten, bevor sie sich in unserer Existenz zusammenfanden? Sie sind Milliarden Jahre alt und werden wohl noch Milliarden Jahre existieren.

Raum und Zeit erhalten eine relative Bedeutung. Noch einmal die Frage: Wer sind wir eigentlich, diese Spezies, die sich stolz »homo sapiens« nennt und für kurze Zeit auf einem Staubkorn am Rande eines unfassbaren Weltraumes existiert? Ein Wimpernschlag in der Zeitlosigkeit, ein Wellenschlag in einem Ozean, der weder Anfang noch Ende kennt? Mitspieler in einem zeitlosen Geschehen, Gespielte eines zeitlosen Spielers?

Es gibt darauf keine zufriedenstellende intellektuelle Antwort. Nur wenn es uns gelingt, aus dem »Egotunnel« (so der deutsche Philosoph Thomas Metzinger) hinauszuschauen, ahnen wir, dass unser wahres Wesen mit Raum und Zeit nichts zu tun hat. In ihm zeigt sich ein nicht begreifbarer Urgrund, der immer wieder Gestalt annimmt und sich auch als dieser Mensch, der wir sind, kreiert.

Schon mehrmals ist das Leben auf dieser unserer Erde fast ganz ausgelöscht worden. In den kommenden Jahrtausenden könnte ein Asteroiden- oder Kometeneinschlag die Menschheit dezimieren oder auslöschen. Anderseits gibt es mit großer Wahrscheinlichkeit auch anderswo in diesem Universum Leben. Lebewesen, ähnlich wie wir oder ganz anders, an eine gewisse Zeit gebunden, um dann wieder zu verschwinden.

Was bedeutet in diesem Zusammenhang Religion? Wir brauchen auch ein neues religiöses Selbstverständnis; eine neue Deutung von Jesus und Buddha und den anderen Großen der Menschheitsgeschichte. Sie haben uns aus der Ich-Eingrenzung herausgeführt. Nur im Übersteigen des Ich und der Rationalität können wir unser zeitloses Wesen erfahren. Denken gehört der Zeit an. Keine Philosophie oder Theologie kann uns eine endgültige Antwort geben. Nur wenn es gelingt, das Denken zu überschreiten und eine transpersonale, eine mystische Erfahrungsebene zu erreichen, werden wir mehr vom Sinn der Existenz begreifen. Diese Ebene bringt Einheit, Verbundenheit und Liebe. Es ist offenbar, dass nur diese Ebene der Liebe die Zukunft unserer Spezies garantiert. Das vorliegende Buch kann uns Wegweiser dorthin sein.

Willigis Jäger, * 1925, ist Benediktiner, Zen-Meister, Begründer der »Würzburger Schule der Kontemplation« und der Zen-Linie »Leere Wolke«.